Einfach gut

Silke Grünewald

Trennkost
Kleine Gerichte

Inhalt

Zu diesem Buch ——————————— 3

Was ist Trennkost? ——————————— 4
Der Trennungsplan ——————————— 6
Salate und Rohkost ——————————— 8
Toasts, Sandwiches & Co. ——————————— 24
Gerichte mit Fleisch oder Gemüse ——————————— 36
Süße warme Obstgerichte ——————————— 54

Rezeptverzeichnis ——————————— 63

Zu diesem Buch

Vor knapp 90 Jahren entwickelte der amerikanische Arzt Dr. Howard Hay das Konzept der Trennkost. Mit der Forderung nach dem Verzehr von naturbelassenen und nicht industriell verarbeiteten Nahrungsmitteln entspricht die Trennkost auch dem Trend unserer Zeit. Angesichts der heutigen Über- und Fehlernährung ist es vielfach nötig, sich auf eine ballaststoffreiche, kalorien- und fettarme Ernährungsweise zu besinnen, wie Dr. Hay sie empfahl. Bis auf wenige Ausnahmen können alle Nahrungsmittel verzehrt werden, nur jeweils getrennt nach Eiweiß- und Kohlenhydratgruppen. Die Trennkost mit ihrem günstigen Effekt auf die Gesundheit ist als Dauerernährung für jedermann geeignet.

In diesem Buch finden Sie zahlreiche Rezeptideen für kleine Gerichte, die dem Trennkostprinzip entsprechen. Die vielen Salate, Toasts, Sandwiches, Gemüse- oder Fleischgerichte, Omelettes oder süßen Obstgerichte sind in relativ kurzer Zeit zubereitet, lassen sich gut vorbereiten und zum Teil auch mitnehmen. Sie sind ideal als kleine Mittags- oder Abendmahlzeit, können aber auch zu einem Menü kombiniert werden.

Die kurze Einleitung und der Trennungsplan soll vor allem Neulingen helfen, sich mit dem Trennkostprinzip vertraut zu machen. Die einzelnen Kapitel enthalten sowohl Eiweiß- als auch Kohlenhydratgerichte, vereinzelt auch neutrale Gerichte.

Die in jedem Rezeptkopf angegebene Zubereitungszeit schließt eventuelle Vorbereitungszeiten bereits mit ein. Sonderzeiten wie z. B. Zeit zum Ruhen, Zeit zum Quellen und Zeit zum Einlegen etc. werden extra ausgewiesen. Neben der Zubereitungszeit finden Sie eine Angabe für den Kaloriengehalt pro Portion und für die Gerichtart (Eiweiß-, Kohlenhydratgericht oder neutrales Gericht). Vorschläge für passende Beilagen oder Getränke ergänzen diesen Informationsblock.

Zu Ihrer Orientierung finden Sie über jedem Rezeptfoto ein Stichwort zur Geschmackscharakteristik und eines zum zeitlichen Gesamtaufwand. Dabei definieren wir:

schnell: Das Gericht ist in maximal $1/2$ Stunde fertig.
braucht Zeit: Das Gericht ist in maximal $1/2$ bis $1\,1/2$ Stunden fertig.
zeitintensiv: Die Zubereitung des Gerichts dauert länger als $1\,1/2$ Stunden.

Bei der Zubereitung gehen wir davon aus, daß Salat, Gemüse, Kräuter, Fleisch etc. bereits geputzt bzw. gewaschen sind. Diese Arbeitsgänge werden daher in den Rezepten nicht mehr gesondert erwähnt. Die Gar- und Backzeiten und die Temperaturangaben beziehen sich auf einen haushaltsüblichen Elektroherd mit Ober- und Unterhitze.

Abkürzungen:

EL	=	Eßlöffel (gestrichen)
TL	=	Teelöffel (gestrichen)
Msp.	=	Messerspitze
Pr.	=	Priese
Bd.	=	Bund
TK-...	=	Tiefkühl-...
l	=	Liter
ml	=	Milliliter
cl	=	Zentiliter
kg	=	Kilogramm
g	=	Gramm
kcal	=	Kilokalorien
ca.	=	circa
Min.	=	Minute(n)
Std.	=	Stunde(n)
°C	=	Grad Celsius
F.i.Tr.	=	Fett in der Trockenmasse

Die Rezepte sind für **2 Personen** berechnet.
Die **Kalorienangaben** beziehen sich immer auf **1 Portion**.

Was ist Trennkost?

Der amerikanische Arzt Dr. Howard Hay entwickelte zu Anfang des 20. Jahrhunderts das Konzept der Trennkost, womit er ein eigenes schweres Nierenleiden selbst kurierte.

Ein Kernpunkt der Hayschen Ernährungslehre ist das Streben nach einem ausgeglichenen Säure-Basen-Verhältnis im Körper. Durch den übermäßigen Verzehr von eiweißhaltigem Fleisch, Eiern, Käse aber auch von poliertem Reis, geschältem Getreide und Zucker entsteht eine Übersäuerung in unserem Körper. Diese Säuren müssen durch Basen gebunden werden. Sämtliche pflanzliche Nahrungsmittel (Obst, Gemüse, Salat) gelten als Basenbildner. Hay empfiehlt nun, die tägliche Mahlzeit so zu gestalten, daß sie zu 80 Prozent aus basenbildenden und zu 20 Prozent aus säurebildenden Nahrungsmitteln besteht.

Wichtig für die Gesunderhaltung des Körpers ist für Hay außerdem eine schnelle und gründliche Verdauung. Der Körper soll weder durch ungesunde Schlacken noch durch überhöhten Energieaufwand belastet werden.

Hay entwickelte nun die Theorie, daß Kohlenhydrate und Eiweiße nicht gleichzeitig vom menschlichen Organismus verarbeitet werden können. Die Verdauung dieser beiden Hauptnährstoffe erfolgt an unterschiedlichen Stellen des Magen-Darm-Traktes und durch unterschiedliche Enzyme. Die Verdauung der Kohlenhydrate erfordert außerdem ein basisches, die der Eiweiße ein saures Milieu. Da der Magen Basen und Säuren nicht zur gleichen Zeit produzieren kann, werden die Nahrungsmittel nur unzureichend verdaut und gelangen so in den Dünndarm, wo sich durch Gärung und Fäulnis giftige Schlacken bilden.

Die Grundlage der Ernährungslehre von Hay ist, daß Kohlenhydrate und Eiweiße getrennt verzehrt werden. Durch seine eigene Krankheitsgeschichte und die erfolgreiche Behandlung seiner Patienten sah Hay seine Theorien bestätigt und begründete das Prinzip der Hayschen Trennkost.

Wie funktioniert die Trennkost?

Bei vielen Lebensmitteln liegt die Einteilung in die Eiweiß- bzw. Kohlenhydratgruppe nahe. Die Trennkost kennt jedoch auch neutrale Lebensmittel, die weder die Eiweiß- noch die Kohlenhydratverdauung beeinträchtigen und deshalb mit beiden Gruppen kombiniert werden können. Auf den Seiten 6 und 7 finden Sie einen Trennungsplan, der Ihnen den Einstieg in die Trennkost erleichtern soll. Die Einteilung der Lebensmittel beruht auf langjährigen Erfahrungen, auch wenn sie manchem etwas willkürlich erscheinen mag. Sie finden außerdem eine Liste von Nahrungsmitteln, deren Verzehr nicht den Prinzipien der Trennkost entspricht, und die Sie deshalb meiden sollten. Teilweise tauchen diese Lebensmittel zwar im Trennungsplan auf, doch nur, um Ihnen zu zeigen, in welche Gruppe sie gehören. Ob Sie auf diese Nahrungsmittel vollkommen verzichten, liegt in Ihrem eigenen Ermessen.

Eine Zwitterstellung im Rahmen der Trennkost nimmt der Apfel ein. Er kann je nach Beschaffenheit zur Eiweißgruppe (säuerlicher, frischer Apfel) oder zur Kohlenhydratgruppe (mürber, süßer Apfel) zählen. In den Rezepten wird die Apfelsorte jeweils genannt.

Der Umschalttag

Wenn Sie sich zur Umstellung Ihrer Ernährung auf die Trennkost entschlossen haben, sollten Sie zunächst einen sogenannten Umschalttag einlegen. Dadurch regen Sie Ihren Stoffwechsel an und sorgen für eine gründliche Entschlackung. Nachfolgend finden Sie verschiedene Vorschläge für den Umschalttag. Achten Sie dabei jeweils auf ausreichende Flüssigkeitszufuhr in Form von natriumarmem, stillem Mineralwasser oder Kräuter- bzw. Früchtetee.

Gemüse-Salat-Tag

Essen Sie Salat und Gemüse in roher oder leicht gedünsteter Form soviel Sie wünschen. Verzichten Sie auf Fett oder Salz bei der Zubereitung, und würzen Sie höchstens mit etwas vegetarischer Gemüsebrühe.

Obsttag

Bis 15 Uhr essen Sie so viel frisches Obst aus der Eiweißgruppe, wie Sie wollen. Ab 17 Uhr können Sie zwischen 2 Bananen oder 2 großen Pellkartoffeln wählen.

Kartoffel-Gemüse-Suppen-Tag

Kochen Sie für diesen Tag eine Gemüsesuppe aus 3 Kartoffeln, 3 Zwiebeln, 3 Stangen Lauch, 1 Stück Knollensellerie und 3 Karotten. Geben Sie das zerkleinerte Gemüse zusammen mit frischen Kräutern oder Gewürzen in einen großen Topf, füllen Sie mit Wasser auf und lassen Sie alles zugedeckt bei mittlerer Hitze kochen. Schmecken Sie die Suppe mit vegetarischer Gemüsebrühe ab, und essen Sie sie über den Tag verteilt.

Tips zum Umgang mit der Trennkost

- Bereichern Sie vor allem Ihre Eiweißmahlzeit durch einen hohen Anteil an neutralem Gemüse und Salat, um genügend basenbildende Nahrungsmittel zu sich zu nehmen. Verzehren Sie innerhalb einer Mahlzeit immer nur eine Eiweißart, z. B. Fisch oder Fleisch.

- Nehmen Sie die Kohlenhydratmahlzeit bevorzugt abends zu sich, da Kohlenhydrate leichter verdaulich sind. Verwenden Sie auch hier immer nur eine Kohlenhydratkomponente z. B. Vollkornnudeln, -reis oder Kartoffeln.

- Obwohl Obst basenbildend wirkt, wird es im Trennungplan zur Eiweißgruppe gezählt. Der Verzehr von Obst kann durch die darin enthaltenen Fruchtsäuren die Verdauung der kohlenhydratreichen Nahrungsmittel beeinträchtigen. Aus diesem Grund sollten die meisten Obstsorten nicht zusammen mit kohlenhydratreichen Nahrungsmitteln verzehrt werden.

- Die Trennkost bietet eine gute Möglichkeit, gleichzeitig abzunehmen. Sie essen viele pflanzliche Nahrungsmittel, die reich an Ballaststoffen sind und somit gut sättigen. Beachten Sie die Kalorienangaben in unseren Rezepten, und gehen Sie sparsam mit sämtlichen Fetten um.

- Im Rahmen der Trennkost ernähren Sie sich vielseitig und ausgewogen. Daher ist diese Ernährungsweise für jedes Familienmitglied geeignet. Sollte jedoch jemand aus Ihrer Familie nicht teilnehmen wollen, so ist doppeltes Kochen dennoch nicht erforderlich. Ergänzen Sie die Eiweißmahlzeiten lediglich mit kohlenhydrathaltigen Beilagen (Kartoffeln, Reis, Nudeln) und die Kohlenhydratmahlzeiten mit Fleisch oder Fisch.

Der Trennungsplan

Der folgende Trennungsplan hilft Ihnen, die Nahrungsmittel in die Eiweiß-, Kohlenhydrat- und neutrale Gruppe einzuteilen. Bei Ihrer Kostzusammenstellung können Sie nun
- Lebensmittel aus der Eiweißgruppe mit denen aus der neutralen Gruppe kombinieren
- Lebensmittel aus der Kohlenhydratgruppe mit denen aus der neutralen Gruppe zusammenstellen.

Eiweißgruppe
gegarte Fleischsorten: Rind: Bratenfleisch, Rouladen, Gulasch, Steaks, Hackfleisch, Geschnetzeltes; Kalb: Schnitzel, Bratenfleisch, Geschnetzeltes; Lamm: Koteletts, Keule, Rücken; Schweinefleisch zählt auch zur Eiweißgruppe, ist jedoch nicht empfehlenswert;
gegarte Geflügelsorten: Putenrollbraten, Putenschnitzel, Putenbrust, Hähnchen, Hühnerbrust, Gans, Ente, Poularde;
gegarte Wurstsorten: z. B. Bratwurst, Fleischwurst, Leberkäse, Rindwurst, Corned beef, gekochter Schinken, Geflügelwurst; Wurstwaren aus Schweinefleisch sollten nicht verzehrt werden;
ungeräucherte, gegarte Fischsorten: z. B. Seelachs, Kabeljau, Lachs, Rotbarsch, Heilbutt, Thunfisch, Makrele, Hering, Forelle, Hecht, Scholle sowie gegarte Schalen- und Krustentiere (Meeresfrüchte), z. B. Muscheln, Garnelen, Krebs, Hummer;
Sojaprodukte: z. B. Sojasauce, Tofu, mit Soja hergestellte Brotaufstriche;
Eier;
Milch;
Käsesorten mit höchstens 50 % Fett i.Tr.: z. B. Parmesan, Edamer, Gouda, Tilsiter;
gekochte Tomaten;
folgende Getränke: Früchtetee, Apfelwein, herber Weiß- und Rotwein, herber Rosé, trockener Sekt, Obstsäfte;
Beerenfrüchte (außer Heidelbeeren): z. B. Erdbeeren, Himbeeren, Preiselbeeren;

Kernobstsorten (außer mürben, süßen Äpfeln): z. B. säuerliche Äpfel, Birnen, Quitten;
Steinobstsorten: z. B. Pfirsiche, Aprikosen und Kirschen; Weintrauben;
Zitrusfrüchte: z. B. Orangen, Zitronen, Grapefruits;
exotische Obstsorten (außer Bananen, frischen Feigen, Datteln): z. B. Mangos, Maracujas, Papayas und Ananas.

Neutrale Gruppe
Fette (außer gehärteten und weißen, festen Fetten, sog. Plattenfette): z. B. kaltgepreßte Öle, ungehärtete Margarinesorten mit hohem Anteil an mehrfach ungesättigten Fettsäuren (aus dem Reformhaus), Butter; auch schmalzähnlicher, pflanzlicher Brotaufstrich (aus Reformhaus oder Bioladen);
gesäuerte Milchprodukte: z. B. Joghurt, saure Sahne, Quark, Buttermilch, Dickmilch, Kefir, Molkosan;
süße Sahne und Kaffeesahne;
Käsesorten mit mindestens 60% Fett i.Tr.: z. B. Doppelrahmfrischkäse, Butterkäse, Camembert, Rahm- und Butterrahmkäsesorten;
Weißkäsesorten: z. B. Schafs- und Ziegenkäse, Mozzarella, körniger Frischkäse;
rohe, geräucherte Wurstwaren: z. B. Bündner Fleisch, roher Schinken, Salami (alles möglichst nicht aus Schweinefleisch);
rohes Fleisch z. B. Tartar;
rohe, marinierte oder geräucherte Fischsorten: z. B. Schillerlocken, geräucherter Bückling, geräucherter Aal, geräucherte Makrele oder Forelle, Räucherlachs, Matjeshering und Bismarckhering;
folgende Gemüsesorten: Auberginen, Artischocken, Avocados, Brokkoli, Blumenkohl, grüne Bohnen, Chicorée, Chinakohl, grüne Erbsen, Fenchel, Gurken, Knoblauch, Kohlrabi, Lauch, frischer Mais, Mangold, Möhren, Paprikaschoten, Peperoni, Radieschen, Rettich, rote Bete, Rosenkohl, Rotkohl, Sauerkraut, Sellerie,

Spargel, Spinat, rohe Tomaten, Weißkohl, Wirsing, Zwiebeln, Zucchini;
Blattsalate: z. B. Kopf-, Endivien-, Feld- und Eisbergsalat;
Pilze: z. B. Champignons, Austernpilze, Pfifferlinge, Steinpilze;
alle Sprossen und Keime;
Kräuter, Gewürze und Zitronenschale;
Nüsse (außer Erdnüsse) und Samen: z. B. Hasel- und Walnüsse, Mandeln, Kokosraspel, Sesam, Mohn;
Heidelbeeren;
ungeschwefelte Rosinen;
Oliven;
Eigelb;
Hefe;
Gemüsebrühe;
klare, hochprozentige Spirituosen;
Kräutertees;
Geliermittel: z. B. Gelatine, Agar-Agar, pflanzliche Bindemittel aus Johannisbrotkernmehl (aus dem Reformhaus oder Naturkostladen).

Kohlenhydratgruppe

Vollkorngetreide: z. B. Weizen, Roggen, Dinkel, Hafer, Gerste, Hirse, Grünkern, getrockneter Mais, Naturreis, Buchweizen;
Vollkorngetreideerzeugnisse: z. B. Vollkornbrot und -brötchen, Kuchen aus Vollkornmehl, Vollkornnudeln ohne Ei, Vollkorngrieß;
Kartoffeln;
folgende Gemüsesorten: Topinambur, Grünkohl, Schwarzwurzeln;
folgende Obstsorten: Bananen, mürbe, süße Äpfel, frische Feigen und frische Datteln, ungeschwefeltes Trockenobst;
folgende Süßungsmittel: Frutilose, Honig, Ahornsirup, Birnen- und Apfeldicksaft;
Kartoffelstärke;
Weinsteinbackpulver;
Puddingpulver (ohne Farbstoff);
Carobe (gemahlene Frucht des Johannisbrotbaumes);
Bier.

Bitte meiden Sie:

weißes Mehl und daraus hergestellte Produkte, z. B. süße und pikante Backwaren, Nudeln, polierten Reis;
Zucker, Süßstoffe und daraus hergestellte Produkte, z. B. Süßwaren und Marmeladen;
Fertiggerichte und Konserven;
getrocknete Hülsenfrüchte, z. B. Bohnen, Erbsen und Linsen;
Erdnüsse;
Preiselbeeren;
Schweinefleisch und rohes Fleisch;
Wurstwaren;
rohes Eiweiß;
fertige Mayonnaise;
Essig;
gehärtete Fette, z. B. herkömmliche Margarinesorten sowie feste, weiße Fritier- und Bratfette (Plattenfette);
schwarzen Tee, Bohnenkaffee, Kakao und hochprozentige Spirituosen.

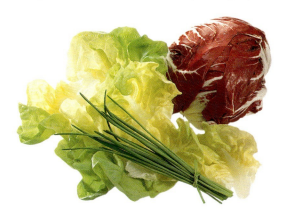

SALATE UND ROHKOST

Knackige Salate oder Gemüserohkost sind ideal zum Vorbereiten. Beachten Sie, daß Salatsaucen nach Dr. Hay keinen Essig enthalten. Dieser wird durch kleine Mengen von Zitrussäften (bei Eiweißgerichten) oder Sauermilchprodukte ersetzt.

Fruchtiger Geflügelsalat

- Eiweißgericht
- Zubereitungszeit: ca. 20 Min.
- ca. 430 kcal je Portion

1 1/2 EL kaltgepreßtes Sonnenblumenöl
125 g küchenfertiges Hühnerbrustfilet
etwas Meersalz und Pfeffer
1 EL Sesamsamen
1/2 Kopf Lollo Rosso
100 g blaue Weintrauben
2 Kiwi
1/2 Honigmelone
75 g Emmentaler (45 % F. i.Tr.)
75 g Buttermilch
1 EL Orangensaft
2 TL Frutilose (Obstdicksaft)
1 EL gemischte, feingehackte Kräuter

1. In einer Pfanne 1 Eßlöffel Öl erhitzen. Das Hühnerbrustfilet darin von allen Seiten goldbraun braten. Herausnehmen, mit Salz sowie Pfeffer würzen und abkühlen lassen.

2. Die Sesamsamen in einer beschichteten Pfanne ohne Fettzugabe goldgelb rösten. Dann herausnehmen.

3. Den Salat in einzelne Blätter zupfen und diese etwas kleinschneiden.

4. Die Weintrauben halbieren und eventuell entkernen. Die Kiwis schälen und in Scheiben schneiden. Das Fruchtfleisch der Melone von der Schale lösen und fein würfeln.

5. Den Käse in Streifen schneiden. Das Hühnerfleisch schräg in dünne Scheiben schneiden.

6. Für das Dressing die Buttermilch mit dem Orangensaft, restlichem Öl, Salz, Pfeffer, der Frutilose und den Kräutern verrühren.

7. Alle vorbereiteten Salatzutaten auf Tellern anrichten und jeweils etwas Dressing darübergeben.

Tip:
Sollten Sie keine beschichtete Pfanne besitzen, so lohnt sich die Anschaffung, wenn Sie auf Trennkost umsteigen wollen. Denn beim Garen und Braten in einer beschichteten Pfanne können Sie erheblich Fett einsparen.

SCHNELL · SÄUERLICH

SCHNELL · **AROMATISCH**

Nizzasalat

- Eiweißgericht
- Zubereitungszeit: ca. ¹/₄ Std.
- ca. 530 kcal je Portion

2 Eier
¹/₂ **Eisbergsalat**
1 kleine Zwiebel
4 Tomaten
¹/₄ **Salatgurke**
75 g Emmentaler (45 % F. i.Tr.)
100 g gekochter Schinken
150 g Vollmilchjoghurt
1 TL Zitronensaft
1 EL kaltgepreßtes Sonnenblumenöl
etwas Meersalz, Pfeffer und
edelsüßes Paprikapulver
1 kleine Knoblauchzehe
1 EL gehackte Petersilie

1. Die Eier hartkochen. Den Salat in einzelne Blätter zupfen und diese in Streifen schneiden. Die Zwiebel schälen und in Ringe schneiden. Die Tomaten vom Stielansatz befreien und achteln. Die Gurke schälen und würfeln. Den Käse und den Schinken in feine Streifen schneiden.

2. Alle vorbereiteten Zutaten, bis auf die Eier, in eine Schüssel geben.

3. Für das Dressing den Joghurt mit dem Zitronensaft, dem Öl, dem Salz, Pfeffer und Paprikapulver verrühren. Den Knoblauch schälen, durchpressen und unter das Dressing rühren. Das Dressing über den Salat geben und diesen mit der Petersilie bestreuen.

4. Die Eier pellen, in Achtel schneiden und auf dem Salat anrichten.

SCHNELL · KNACKIG

Bunter Salat

- Eiweißgericht
- Zubereitungszeit: ca. 1/4 Std.
- ca. 210 kcal je Portion

1 Kopf Endiviensalat
1 Karotte
1 rote Paprikaschote
100 g frische Champignons
1 EL Zitronensaft
75 g frische Sprossen (z. B. Mungbohnen- oder Alfalfasprossen)
4 EL Kefir
1 EL kaltgepreßtes Sonnenblumenöl
1 TL Zitronensaft
etwas Meersalz und Pfeffer
1 Knoblauchzehe
1 EL gehackte Zitronenmelisse
2 EL Sesamsamen

1. Den Salat in einzelne Blätter zupfen und dann in Streifen schneiden. Die Karotte grob raspeln. Die Paprika in Streifen schneiden. Die Champignons in dünne Scheiben schneiden und mit Zitronensaft beträufeln.

2. Die Sprossen in einem Sieb unter fließendem Wasser abspülen. Alle vorbereiteten Zutaten in eine Schüssel geben.

3. Für das Dressing den Kefir mit dem Öl und dem Zitronensaft verrühren. Mit Salz und Pfeffer abschmecken. Den Knoblauch schälen, durch eine Presse drücken und zusammen mit der Zitronenmelisse zum Dressing geben.

4. Die Sesamsamen in einer Pfanne ohne Fettzugabe goldbraun rösten. Das Dressing kurz vor dem Servieren unter den Salat mischen. Mit Sesam bestreuen.

Eisbergsalat mit Krabben

- Eiweißgericht
- Zubereitungszeit: ca. 20 Min.
- ca. 240 kcal je Portion

200 g frische, ausgelöste Krabben
1 EL Zitronensaft
etwas Meersalz und Pfeffer
200 g blaue Weintrauben
$1/2$ Honigmelone
$1/2$ Salatgurke
$1/2$ Kopf Eisbergsalat
50 g saure Sahne
2 EL Orangensaft
1 TL Frutilose (Obstdicksaft)
2 EL Kresseblättchen

1. Die Krabben in einer Schüssel mit dem Zitronensaft marinieren und mit Salz und Pfeffer würzen.

2. Die Trauben halbieren und entkernen. Die Melone ebenfalls entkernen. Das Fruchtfleisch mit einem scharfen Messer von der Schale lösen und in Würfel schneiden.

3. Die Gurke schälen und in dünne Scheiben schneiden. Den Salat in einzelne Blätter zupfen und in Streifen schneiden. Die vorbereiteten Salatzutaten in eine Schüssel geben.

4. Für das Dressing die saure Sahne mit dem Orangensaft und der Frutilose verrühren. Mit Salz und Pfeffer abschmecken.

5. Das Dressing kurz vor dem Servieren über den Salat geben und diesen mit den Kresseblättchen bestreuen.

(auf dem Foto: oben)

Käsesalat mit Obst und Shrimps

- Eiweißgericht
- Zubereitungszeit: ca. 20 Min.
- ca. 430 kcal je Portion

100 g frische Shrimps
2 EL Zitronensaft
etwas Meersalz und Pfeffer
150 g Gouda
1 Stange Staudensellerie
1 Orange
$1/2$ Honigmelone
150 g Magermilchjoghurt
1 TL Frutilose (Obstdicksaft)
1 EL gehackte Petersilie

1. Die Shrimps in einer Schüssel mit 1 Eßlöffel Zitronensaft, Salz und Pfeffer marinieren. Den Käse in Streifen schneiden. Den Sellerie kleinschneiden.

2. Die Orange großzügig schälen, so daß die weiße Haut mitentfernt wird. Die Fruchtfilets zwischen den Trennwänden herausschneiden.

3. Die Melone entkernen, das Fruchtfleisch mit einem scharfen Messer von der Schale lösen und würfeln.

4. Für das Dressing den Joghurt mit dem restlichen Zitronensaft, Salz, Pfeffer und Frutilose verrühren. Die Petersilie unterrühren.

5. Alle Salatzutaten in eine Schüssel geben und mit dem Dressing vermischen.

(auf dem Foto: unten)

Variation:
Verwenden Sie statt der Shrimps in Streifen geschnittene, geräucherte Putenbrust.

SCHNELL · FEIN

SCHNELL · FRUCHTIG

13

Salatteller mit Cashewkernen

- Eiweißgericht
- Zubereitungszeit: ca. $1/4$ Std.
- ca. 250 kcal je Portion

1 kleiner Kopf Radicchio
125 g Feldsalat
3 Tomaten
1 gelbe Paprikaschote
Saft von $1/2$ Orange
1 TL Frutilose (Obstdicksaft)
etwas Meersalz und Pfeffer
2 EL kaltgepreßtes Sonnenblumenöl
1 kleine Knoblauchzehe
2 EL Cashewkerne
1 EL gehackte Petersilie

1. Den Radicchio in einzelne Blätter zupfen und dann in Streifen schneiden. Den Feldsalat verlesen.

2. Die Tomaten über Kreuz einritzen, etwa 15 Sekunden überbrühen, abschrecken und enthäuten. Sie dann vierteln, die Stielansätze herausschneiden und die Tomaten entkernen.

3. Die Paprikaschote in Streifen schneiden. Für das Dressing den Orangensaft mit der Frutilose, Salz und Pfeffer verrühren. Das Öl unterrühren. Den Knoblauch schälen, durch eine Presse drücken und zum Dressing geben.

4. Die Cashewkerne grob hacken. Den Salat, die Tomaten und die Paprikaschote in eine Schüssel geben. Kurz vor dem Servieren das Dressing untermischen und den Salat mit den Cashewkernen sowie mit der Petersilie bestreuen.
(auf dem Foto oben)

Melonen-Sellerie-Rohkost

- Eiweißgericht
- Zubereitungszeit: ca. $1/4$ Std.
- ca. 270 kcal je Portion

$1/2$ Honigmelone
1 Kiwi
125 g grüne Weintrauben
3 Stangen Staudensellerie
$1/2$ Salatgurke
250 g Magerquark
3 EL Milch
abgeriebene Schale von
1 unbehandelten Zitrone
1 TL Frutilose (Obstdicksaft)
etwas Pfeffer
2 EL Kresseblättchen
2 EL Pistazienkerne

1. Die Melone entkernen. Das Fruchtfleisch mit einem scharfen Messer von der Schale lösen und in Würfel schneiden. Die Kiwi schälen und in Scheiben schneiden. Die Weintrauben halbieren und entkernen.

2. Den Sellerie in feine Ringe schneiden. Die Gurke schälen und in 3 cm lange Stifte schneiden. Alles auf einem großen Teller anrichten.

3. Den Quark mit der Milch, der Zitronenschale, der Frutilose und etwas Pfeffer verrühren. Die Hälfte der Kresse unterrühren. Den Quark in die Mitte des Tellers geben und mit der restlichen Kresse sowie mit den Pistazien garnieren.
(auf dem Foto unten)

Tip:
Trinken Sie zur Rohkost ein Glas frischgepreßten Orangensaft.

SCHNELL · FRISCH

SCHNELL · FRUCHTIG

15

Kohlrabi-Apfel-Rohkost

- Eiweißgericht
- Zubereitungszeit: ca. $^1/_4$ Std.
- ca. 210 kcal je Portion

- 2 kleine Kohlrabi
- 2 säuerliche Äpfel
- 1 EL Zitronensaft
- 2 EL Alfalfasprossen
- 250 g Magerquark
- 1 EL Orangensaft
- etwas Meersalz und Pfeffer
- 1 EL kaltgepreßtes Olivenöl
- 2 EL Kerbelblättchen

1. Die Kohlrabiknollen gut schälen und in sehr dünne Scheiben schneiden. Die Äpfel halbieren, vom Kerngehäuse befreien und in dünne Spalten schneiden. Beides auf einem großen Teller anrichten und mit dem Zitronensaft beträufeln.

2. Die Alfalfasprossen unter fließendem Wasser waschen, gut abtropfen lassen und ebenfalls auf dem Teller anrichten.

3. Den Quark mit dem Orangensaft, Salz und Pfeffer sowie Öl verrühren. Die Hälfte des Kerbels fein hacken und unterrühren. Den Quark in die Mitte des Tellers geben und mit den restlichen Kerbelblättchen garnieren.

Tomatensnack

- Neutrales Gericht
- Zubereitungszeit: ca. 10 Min.
- ca. 200 kcal je Portion

- 2 feste Fleischtomaten
- 4 Frühlingszwiebeln
- 75 g geräucherte Putenbrust
- 200 g körniger Frischkäse
- 1 EL gehackte Kresse
- 1 EL gehackte Petersilie
- etwas Meersalz und Pfeffer

1. Die Tomaten über Kreuz einritzen, etwa 15 Sekunden überbrühen, abschrecken und enthäuten. Sie dann halbieren, die Stielansätze herausschneiden und das Fruchtfleisch vorsichtig entkernen, so daß die Tomatenhälften erhalten bleiben.

2. Die Frühlingszwiebeln in feine Ringe, die Putenbrust in Streifen schneiden. Beides in eine Schüssel geben.

3. Den Frischkäse und die Kräuter hinzufügen. Das Ganze gut vermengen und mit Salz sowie Pfeffer abschmecken. Die Frischkäsemischung auf die die Tomatenhälften verteilen.

SCHNELL · KNACKIG

Paprikarohkost mit Dilldip

- Neutrales Gericht
- Zubereitungszeit: ca. $1/4$ Std.
- ca. 190 kcal je Portion

je 1 kleine rote, gelbe und
grüne Paprikaschote
100 g Dickmilch
2 EL Crème fraîche
2 EL Magerquark
etwas weißer Pfeffer
1 Pr. edelsüßes Paprikapulver
1 TL Obstessig
1 Bd. Dill
1 EL Leinsamen

1. Die Paprikaschoten in feine Streifen schneiden.

2. Für den Dip die Dickmilch mit der Crème fraîche und dem Quark verrühren. Mit Pfeffer und Paprikapulver abschmecken. Den Essig unterrühren.

3. Vom Dill einige Zweige zum Garnieren beiseite legen. Den restlichen Dill fein hacken und unter den Dip rühren. Den Dip zusammen mit den Paprikastreifen auf einem Teller anrichten, den Leinsamen darüberstreuen. Alles mit dem restlichen Dill garnieren.

Griechischer Bauernsalat

- Neutrales Gericht
- Zubereitungszeit: ca. 20 Min.
- ca. 350 kcal je Portion

- 4 Tomaten
  $1/2$ Salatgurke
  1 gelbe Paprikaschote
  1 kleine Zwiebel
  125 g Schafskäse
  10 schwarze Oliven
  2 EL kaltgepreßtes Olivenöl
  1 TL mittelscharfer Senf
  etwas Meersalz und Pfeffer
  1 EL gehackte, gemischte Kräuter
  (z. B. Zitronenmelisse, Schnittlauch, Kresse, Petersilie)
  1 Knoblauchzehe

1. Die Tomaten vom Stielansatz befreien und achteln. Die Gurke schälen und würfeln. Die Paprikaschote in Streifen schneiden.

2. Die Zwiebel schälen und in dünne Ringe schneiden. Den Schafskäse würfeln. Alle Zutaten zusammen mit den Oliven in eine Salatschüssel geben.

3. Für das Dressing das Öl mit dem Senf, Salz und Pfeffer verrühren. Den Knoblauch schälen und durch eine Presse drücken. Zusammen mit den Kräutern zum Dressing geben und dieses unter den Salat mischen.
(auf dem Foto: oben)

Tip:
Kombinieren Sie diesen Salat mit einem Fladenbrot oder mit Hackbällchen (Rezept siehe S. 40) und Sie erhalten ein Kohlenhydrat- bzw. ein Eiweißgericht.

Bunter Kopfsalat

- Neutrales Gericht
- Zubereitungszeit: ca. 20 Min.
- ca. 120 kcal je Portion

- $1/2$ Kopfsalat
  1 rote Paprikaschote
  $1/2$ Salatgurke
  6 Radieschen
  3 Frühlingszwiebeln
  100 g saure Sahne
  2 TL Obstessig
  1 TL Frutilose (Obstdicksaft)
  etwas Meersalz und Pfeffer
  1 EL gehackte, gemischte Kräuter
  (z. B. Pimpinelle, Dill, Zitronenmelisse, Petersilie)

1. Den Salat in einzelne Blätter zupfen. Große Blätter halbieren.

2. Die Paprikaschote in Streifen schneiden. Die Gurke und die Radieschen in Scheiben, die Frühlingszwiebeln in feine Ringe schneiden.

3. Für das Dressing die saure Sahne mit dem Essig, der Frutilose, Salz und Pfeffer verrühren. Die Kräuter untermischen.

4. Kurz vor dem Servieren die Salatzutaten in eine Schüssel geben und darin mit dem Dressing mischen.
(auf dem Foto: unten)

Variation:
Anstelle von Kopfsalat können Sie Feldsalat oder jungen Blattspinat verwenden.

SCHNELL · PIKANT

SCHNELL · KNACKIG

Tomaten-Hirse-Salat

- Kohlenhydratgericht
- Zubereitungszeit: ca. 40 Min.
- ca. 450 kcal je Portion

> 125 g Hirse
> 300 ml vegetarische Gemüsebrühe (aus Instantpulver)
> 1 Fleischtomate
> 1 Fenchelknolle
> 1 kleine gelbe Paprikaschote
> 1 kleine Zwiebel
> 75 g Schafskäse
> 125 g Kefir
> etwas Meersalz und Pfeffer
> 1 Knoblauchzehe
> 1 EL gehackte gemischte Kräuter (z. B. Kerbel, Petersilie, Schnittlauch)

1. Die Hirse auf einem Sieb gut waschen. Die Brühe erhitzen, die Hirse hineingeben und in der Brühe aufkochen lassen. Dann die Hitze reduzieren und die Hirse zugedeckt etwa 20 Minuten quellen lassen.

2. Die Tomate über Kreuz einritzen, etwa 15 Sekunden überbrühen, abschrecken und enthäuten. Sie dann vierteln, die Stielansätze herausschneiden, entkernen und das Fruchtfleisch in Würfel schneiden.

3. Den Fenchel in Stücke schneiden. Die Paprikaschote in Streifen schneiden. Die Zwiebel schälen und fein würfeln. Den Schafskäse in Würfel schneiden.

4. Für das Dressing den Kefir mit Salz und Pfeffer verrühren. Den Knoblauch schälen und durch eine Presse drücken. Zusammen mit den Kräutern zum Kefir geben.

5. Die abgekühlte Hirse und alle restlichen Salatzutaten in eine Schüssel geben und darin mit dem Dressing mischen.
(auf dem Foto oben)

Rote-Bete-Salat mit Getreide

- Kohlenhydratgericht
- Zubereitungszeit: ca. 40 Min.
- Zeit zum Quellen: über Nacht
- ca. 370 kcal je Portion

> 50 g Dinkelkörner
> 75 g Vollkornreis
> 1 rote-Bete-Knolle
> 1 mürber, süßer Apfel
> 100 g Vollmilchjoghurt
> 1 TL frisch geriebener Meerrettich
> 1 TL Obstessig
> etwas Meersalz und Pfeffer
> 2 EL Schnittlauchröllchen

1. Den Dinkel in eine Schale geben, mit Wasser bedecken und über Nacht quellen lassen.

2. Den Reis in 225 ml Wasser aufkochen. Den Dinkel zufügen und beides zugedeckt bei sanfter Hitze etwa 25 Minuten quellen lassen.

3. Die rote Bete und den Apfel jeweils schälen und grob raspeln.

4. Für das Dressing den Joghurt mit Meerrettich, Essig, Salz und Pfeffer verrühren.

5. Die abgekühlte Getreidemischung, die rote Bete und den Apfel in eine Schüssel geben und darin mit dem Dressing mischen. Mit Schnittlauchröllchen bestreuen.
(auf dem Foto unten)

Tip:
Dinkel ist eine alte Kulturform des Weizens. Er ist sehr bekömmlich und zudem durch seinen hohen Gehalt an Eiweiß und Mineralstoffen ernährungsphysiologisch wertvoll.

BRAUCHT ZEIT · **VOLLWERTIG**

ZEITINTENSIV · **KERNIG**

Fruchtiger Selleriesalat

- Kohlenhyratgericht
- Zubereitungszeit: ca. 20 Min.
- ca. 230 kcal je Portion

$1/2$ **Sellerieknolle**
2 mürbe, süße Äpfel
(z. B. Cox Orange)
1 Banane
125 g Vollmilchjoghurt
1 TL flüssiger Honig
etwas Meersalz und Pfeffer
1 Pr. Currypulver
1 EL gehackte Petersilie
1 EL gehackte Walnüsse

1. Den Sellerie schälen und raspeln. Die Äpfel halbieren, vom Kerngehäuse befreien und grob raspeln. Die Banane schälen und in Scheiben schneiden.

2. Für das Dressing Joghurt, Honig, Salz, Pfeffer, Currypulver und Petersilie gründlich verrühren.

3. Alle Salatzutaten, auch die Walnüsse, in eine Schüssel geben und darin mit dem Dressing mischen.

Dill-Kartoffel-Salat

- Kohlenhydratgericht
- Zubereitungszeit: ca. 40 Min.
- Zeit zum Durchziehen: ca. $1/2$ Std.
- ca. 130 kcal je Portion

250 g festkochende Kartoffeln
1 mürber, süßer Apfel
(z. B. Cox Orange)
$1/2$ **Salatgurke**
1 kleine Zwiebel
75 ml vegetarische Gemüsebrühe
(aus Instantpulver)
1 TL mittelscharfer Senf
etwas Meersalz und Pfeffer
$1/2$ **Bd. Dill**

1. Die Kartoffeln in reichlich Wasser etwa 20 Minuten garen.

2. Den Apfel und die Gurke mitsamt der Schale in Würfel schneiden. Die Zwiebel schälen und fein würfeln.

3. Die Kartoffeln abgießen, abschrecken und kurz abkühlen lassen. Dann pellen und in Scheiben schneiden. Zusammen mit dem Apfel, der Gurke und der Zwiebel in eine Schüssel geben.

4. Für das Dressing die Gemüsebrühe mit dem Senf, Salz und Pfeffer verrühren. Unter den Salat mischen und diesen etwa $1/2$ Stunde durchziehen lassen.

5. Vor dem Servieren den Dill fein hacken und unter den Salat mischen.

Grüner Reissalat

- Kohlenhydratgericht
- Zubereitungszeit: ca. 40 Min.
- ca. 340 kcal je Portion

125 g Naturreis
1 kleine Zucchini
3 Frühlingszwiebeln
100 g Zuckerschoten (frisch oder TK)
100 g saure Sahne
1 TL Obstessig
etwas Meersalz
1 Pr. Cayennepfeffer
1 EL gemischte, gehackte Kräuter
(Petersilie, Kerbel, Schnittlauch,
Estragon)

1. Den Reis gemäß Packungsanweisung garen und anschließend abkühlen lassen.

2. In der Zwischenzeit die Zucchini und die Frühlingszwiebeln in feine Scheiben bzw. Ringe schneiden. Tiefgekühlte Zuckerschoten auftauen lassen.

3. Für das Dressing die saure Sahne mit dem Essig, Salz und dem Cayennepfeffer verrühren. Die Kräuter unterrühren.

4. Alle Salatzutaten in eine Schüssel geben und darin mit dem Dressing mischen.

TOASTS, SANDWICHES & CO.

Toasts und Sandwiches sind schnell zubereitet, während pikante Torten und Pizzen etwas mehr Zeit in Anspruch nehmen. Da die Grundlage aller Speisen Getreide ist, finden Sie in diesem Kapitel nur Kohlenhydratgerichte.

Überbackener Gemüsetoast

- Kohlenhydratgericht
- Zubereitungszeit: ca 20 Min.
- ca. 400 kcal je Portion

1 kleine Zwiebel
100 g Champignons
50 g roher Schinken
1 grüne Paprikaschote
1 TL Sonnenblumenöl
2 TL saure Sahne
etwas Meersalz und Pfeffer
2 Scheiben Vollkorntoast
2 EL Butter
1 EL gehackte Petersilie
75 g Mozzarella

1. Den Backofen auf 200 °C vorheizen. Die Zwiebel schälen und in feine Ringe schneiden. Die Champignons in Scheiben, den Schinken in feine Streifen schneiden. Die Paprikaschote ebenfalls in Streifen schneiden.

2. Das Sonnenblumenöl in einer Pfanne erhitzen und Zwiebel, Champignons, Schinken sowie Paprikaschote darin unter Rühren anbraten.

3. Dann die saure Sahne unterziehen, die Mischung mit Salz und Pfeffer abschmecken und vom Herd nehmen.

4. Die Toastscheiben toasten und jeweils mit Butter bestreichen. Die Gemüse-Schinken-Mischung darauf verteilen. Jeden Toast mit Petersilie bestreuen.

5. Den Mozzarella in Scheiben schneiden und die Toasts damit belegen. Alles im Backofen etwa 10 Minuten überbacken, bis der Käse vollständig geschmolzen ist.

Variation:
Etwas herzhafter werden die Gemüsetoasts, wenn Sie den Mozzarella durch Schafskäse ersetzen. Die Toasts dann so lange überbacken, bis der Käse leicht braune Ränder bekommt.

SCHNELL · AROMATISCH

SCHNELL · EXOTISCH   SCHNELL · HERZHAFT

Fencheltoast

- Kohlenhydratgericht
- Zubereitungszeit: ca. 20 Min.
- ca. 390 kcal je Portion

> 1 kleine Fenchelknolle
> 1 Zwiebel, 1 EL Olivenöl
> 1 EL Pinienkerne
> 1 EL ungeschwefelte Rosinen
> etwas Meersalz und Pfeffer
> etwas Tabascosauce
> 2 Scheiben Vollkorntoast
> 1 EL Butter, 75 g Mozzarella

1. Backofen auf 225 °C vorheizen. Fenchelknolle in Streifen schneiden. Fenchelgrün fein hacken. Zwiebel schälen und würfeln.

2. Das Öl erhitzen und zunächst die Zwiebel anbraten. Den Fenchel zufügen und das Ganze 10 Minuten schmoren lassen. Pinienkerne und Rosinen zugeben. Mit Salz, Pfeffer und Tabasco kräftig würzen.

3. Die Toasts toasten und jeweils dünn mit Butter bestreichen. Die Fenchelmischung darauf verteilen. Den Mozzarella in Scheiben schneiden und die Toasts damit belegen. Etwa 10 Minuten im Ofen überbacken. Mit Fenchelgrün bestreuen.

Paprika-Oliven-Brot

- Kohlenhydratgericht
- Zubereitungszeit: ca. 20 Min.
- ca. 320 kcal je Portion

> 2 Scheiben Vollkornbrot
> 1 rote Paprikaschote
> 8 mit Paprika gefüllte, grüne Oliven
> 1 EL Butter
> etwas Meersalz und Pfeffer
> einige Oreganoblättchen
> 100 g Schafskäse

1. Den Backofen auf 225 °C vorheizen. Die Brotscheiben toasten.

2. Die Paprikaschote in Streifen, die Oliven in Scheiben schneiden.

3. Die Brote jeweils mit Butter bestreichen. Mit Paprikastreifen und Olivenscheiben belegen. Mit Salz und Pfeffer würzen.

4. Die Oreganoblättchen in feine Streifen und den Schafskäse in kleine Würfel schneiden. Die Brote mit beidem bestreuen und im Backofen etwa 10 Minuten überbacken.

SCHNELL · PIKANT

Überbackenes Spinatbrötchen

- Kohlenhydratgericht
- Zubereitungszeit: ca. 20 Min.
- ca. 340 kcal je Portion

> 1 kleine Zwiebel
> 1 Knoblauchzehe
> 1 EL Butter
> 250 g frischer Blattspinat
> etwas Meersalz und Pfeffer
> 2 Vollkornbrötchen
> 1/2 gelbe Paprikaschote
> 125 g Schafskäse

1. Den Backofen auf 225 °C vorheizen. Die Zwiebel und den Knoblauch schälen und fein würfeln. Die Butter in einem Topf erhitzen, die Zwiebel und den Knoblauch darin anbraten.

2. Den Spinat grob zerkleinern, zufügen und kurz andünsten. Mit Salz und Pfeffer würzen.

3. Die Brötchen aufschneiden. Den Spinat gut abtropfen lassen und die Brötchen damit gleichmäßig belegen.

4. Die Paprikaschote würfeln und auf den Brötchen verteilen. Den Schafskäse fein würfeln. Die Brötchen damit belegen und im Ofen etwa 10 Minuten überbacken.

SCHNELL · CREMIG

Überbackenes Zwiebelknäckebrot

- Kohlenhydratgericht
- Zubereitungszeit: ca. 20 Min.
- ca. 710 kcal je Portion

> 2 Zwiebeln
> 1 EL Butter
> etwas Meersalz und Pfeffer
> etwas Majoran und Oregano
> 4 Scheiben Vollkornknäckebrot
> 100 g Crème fraîche
> 100 g roher Schinken
> 100 g Tilsiter (60 % F. i.Tr.)

1. Den Backofen auf 225 °C vorheizen. Die Zwiebeln schälen und in feine Ringe schneiden. Die Butter in einer Pfanne erhitzen und die Zwiebeln darin andünsten. Mit Salz, Pfeffer und Kräutern würzen.

2. Das Knäckebrot jeweils mit Crème fraîche bestreichen. Die Zwiebelringe darauf verteilen. Den Schinken in feine Streifen schneiden und die Brote damit belegen.

3. Den Käse grob reiben und auf den Broten verteilen. Alles etwa 10 Minuten überbacken.

Brötchen mit Avocadopürree

- Kohlenhydratgericht
- Zubereitungszeit: ca. $1/4$ Std.
- ca. 320 kcal je Portion

$1/2$ Zwiebel
1 kleine Knoblauchzehe
3 Tomaten
1 Avocado
1 TL Obstessig
1 TL Hefeflocken
(aus dem Reformhaus)
etwas frisch geriebene Muskatnuß
Pfeffer
2 Vollkornbrötchen
einige Blättchen frisches Basilikum

1. Die Zwiebel und den Knoblauch schälen und fein würfeln.

2. Eine Tomate über Kreuz einritzen, etwa 15 Sekunden kochend heiß überbrühen, abschrecken und enthäuten. Sie dann vierteln, den Stielansatz herausschneiden, das Fruchtfleisch entkernen und würfeln.

3. Die Avocado halbieren, den Stein herausnehmen und das Fruchtfleisch mit einem Teelöffel von den Schalen lösen. Mit einer Gabel fein zerdrücken und sofort mit Obstessig beträufeln. Die Hefeflocken sowie die Tomatenwürfel unterrühren. Das Püree mit Muskatnuß und Pfeffer abschmecken.

4. Die Brötchen aufschneiden und das Püree darauf verstreichen.

5. Die restlichen Tomaten vom Stielansatz befreien und in Achtel schneiden. Das Basilikum in Streifen schneiden. Die Tomaten und das Basilikum auf den Brötchen anrichten.
(auf dem Foto oben)

Apfel-Matjes-Brot

- Kohlenhydratgericht
- Zubereitungszeit: ca. $1/4$ Std.
- ca. 630 kcal je Portion

4 Radieschen
50 g Magerquark
1 TL Crème fraîche
1 TL frisch geriebener Meerrettich
etwas Meersalz und Pfeffer
1 EL Schnittlauchröllchen
1 mürber, süßer Apfel
(z. B. Cox Orange)
2 Scheiben Mehrkornbrot
4 eingelegte Matjesfilets

1. Die Radieschen fein raspeln.

2. Den Quark in einer Schüssel mit der Crème fraîche, dem Meerrettich und den Radieschenraspeln verrühren. Mit Salz und Pfeffer abschmecken. Die Schnittlauchröllchen unterrühren.

3. Den Apfel halbieren und das Kerngehäuse entfernen. Das Fruchtfleisch in feine Spalten schneiden

4. Den Meerrettichquark auf den Brotscheiben verstreichen. Die Matjesfilets kurz abspülen, trockentupfen und zusammen mit den Apfelspalten auf den Broten anrichten.
(auf dem Foto unten)

Variation:
Sie können die Matjesfilets auch durch geräucherte Forellenfilets ersetzen.

SCHNELL · VOLLWERTIG

SCHNELL · SÄUERLICH

Lachsbrot

- Kohlenhydratgericht
- Zubereitungszeit: ca. $1/4$ Std.
- ca. 450 kcal je Portion

> 100 g Doppelrahmfrischkäse
> 1 TL frisch geriebener Meerrettich
> etwas weißer Pfeffer
> $1/2$ Bd. Dill
> 2 Scheiben Weizenkeimbrot
> 1 EL Brunnenkresse
> 100 g Räucherlachs in Scheiben
> $1/4$ Salatgurke

1. Den Frischkäse in eine Schüssel geben, darin mit dem Meerrettich verrühren und mit Pfeffer abschmecken. Den Dill fein hacken und unterrühren.

2. Die Brotscheiben mit der Frischkäsemasse bestreichen. Mit der Brunnenkresse bestreuen. Die Lachsscheiben auf den Broten verteilen.

3. Die Brote nochmals mit Pfeffer würzen. Die Gurke schälen, in Scheiben schneiden und diese auf den Broten anrichten.
(auf dem Foto: oben Mitte)

Frühlingsbaguette

- Kohlenhydratgericht
- Zubereitungszeit: ca. $1/4$ Std.
- ca. 440 kcal je Portion

> 200 g Magerquark
> 3 TL Crème fraîche
> 2 EL gemischte, gehackte Kräuter
> (Petersilie, Zitronenmelisse, Kerbel, Dill)
> 1 kleine Knoblauchzehe
> etwas Meersalz und Pfeffer
> 6 Radieschen
> 1 Karotte
> 1 kleines Vollkornbaguette (250 g)
> $1/2$ Bd. Schnittlauch

1. Den Quark mit der Crème fraîche und den Kräutern verrühren. Den Knoblauch schälen, durch eine Presse drücken und zugeben. Die Masse mit Salz und Pfeffer abschmecken.

2. Die Radieschen und die Karotte grob raspeln.

3. Das Baguette aufschneiden und beide Hälften mit dem Kräuterquark bestreichen. Radieschen- und Karottenraspel jeweils darauf verteilen. Den Schnittlauch in feine Röllchen schneiden und die Brote damit bestreuen.
(auf dem Foto: unten links)

Bündner-Fleisch-Brot

- Kohlenhydratgericht
- Zubereitungszeit: ca. 20 Min.
- ca. 280 kcal je Portion

2 kleine Karotten
2 EL Weißwein
$1/2$ TL flüssiger Honig
1 Pr. Kreuzkümmel
2 Scheiben Vollkornbrot
1 EL Butter
50 g Bündner Fleisch in Scheiben
etwas schwarzer Pfeffer
1 EL Pistazienkerne

1. Die Karotten schälen und mit einem Spargelschäler in feine Streifen schneiden. Den Wein in einen Topf geben, zusammen mit dem Honig und dem Kümmel aufkochen lassen. Die Karotten in der Mischung 5 Minuten garen. Dann abtropfen und abkühlen lassen.

2. Die Brote dünn mit Butter bestreichen und mit dem Bündner Fleisch belegen. Die Karotten darauf verteilen und mit Pfeffer würzen.

3. Die Pistazienkerne hacken und die Brote damit bestreuen.
(auf dem Foto: unten rechts)

Tip:
Kreuzkümmel erhalten Sie in Asienläden und in türkischen Lebensmittelgeschäften.

Zwiebel-Champignon-Torte

- Kohlenhydratgericht
- Zubereitungszeit: ca. 1 $1/4$ Std.
- Zeit zum Ruhen: ca. $1/2$ Std.
- ca. 1010 kcal je Portion

> 125 g Grahammehl (Weizenschrotmehl)
> 50 g Butter, 1 Prise Meersalz
> 4 Gemüsezwiebeln
> 150 g Champignons
> 1 EL kaltgepreßtes Olivenöl
> 75 g Butterkäse (60 % F. i.Tr.)
> 150 g saure Sahne
> 2 Eigelb, $1/2$ TL Kümmel
> etwas Meersalz und Pfeffer
> Butter für die Form
> 1 EL Semmelbrösel
> etwas Mehl zum Ausrollen

1. Aus Mehl, Butter, Salz sowie 3 Eßlöffeln Wasser einen Mürbeteig kneten. Den Teig in Klarsichtfolie wickeln und $1/2$ Stunde im Kühlschrank ruhen lassen.

2. Die Zwiebeln schälen und in feine Ringe schneiden. Die Champignons blättrig schneiden. Das Öl in einer Pfanne erhitzen, die Zwiebeln und die Champignons darin anbraten. Den Backofen auf 200 °C vorheizen.

3. Den Käse in feine Streifen schneiden. Die saure Sahne mit den Eigelben, dem Kümmel, Salz und Pfeffer verquirlen. Den Butterkäse unterheben.

4. Eine Springform (20 cm Ø) mit Butter ausstreichen. Den Teig auf einer bemehlten Arbeitsfläche ausrollen und in die Form legen. Mit einer Gabel mehrmals einstechen und mit Semmelbröseln bestreuen.

5. Die Pilz-Zwiebel-Mischung auf dem Teig verteilen. Die Käsemasse darübergeben und die Torte im Ofen 30 bis 40 Minuten backen.

(auf dem Foto: oben)

Lauchtorte

- Kohlenhydratgericht
- Zubereitungszeit: ca. 1 Std.
- Zeit zum Ruhen: ca. $1/2$ Std.
- ca. 800 kcal pro Portion

> 150 g feines Weizenvollkornmehl
> 50 g Magerquark
> 50 g Butter
> etwas Meersalz
> 2 Stangen Lauch (ca. 400 g)
> 75 g roher Schinken
> 1 EL Sonnenblumenöl
> etwas Meersalz und Pfeffer
> 100 g saure Sahne
> 2 Eigelb
> Butter für die Form

1. Mehl, Quark, Butter und Salz rasch zu einem Mürbeteig verkneten. Den Teig in Klarsichtfolie wickeln und $1/2$ Stunde im Kühlschrank ruhen lassen.

2. In der Zwischenzeit den Lauch in feine Ringe, den Schinken in Streifen schneiden. Den Backofen auf 200 °C vorheizen.

3. Das Öl in einer Pfanne erhitzen und den Lauch sowie den Schinken darin anbraten. Mit Salz und Pfeffer würzen. Die saure Sahne mit den Eigelben verrühren und die Masse ebenfalls mit Salz und Pfeffer würzen.

4. Eine Springform (20 cm Ø) mit Butter ausstreichen. Den Teig ausrollen und in die Form legen, dabei einen etwa 2 cm hohen Rand hochziehen. Die Lauch-Schinken-Masse auf dem Teig verteilen. Die saure Sahne darübergeben. Die Torte im Ofen etwa $1/2$ Stunde backen.

(auf dem Foto: unten)

BRAUCHT ZEIT · WÜRZIG

BRAUCHT ZEIT · AROMATISCH

BRAUCHT ZEIT · ITALIENISCH

Vollkorn-Pizza-Taschen

- Kohlenhydratgericht
- Zubereitungszeit: ca. 1 Std.
- Zeit zum Gehen: ca. $1/2$ Std.
- ca. 640 kcal je Portion

10 g frische Hefe (ca. $1/3$ Würfel)
75 ml lauwarmes Wasser
200 g Weizenvollkornmehl
$1/2$ TL Kräutersalz
2 EL kaltgepreßtes Olivenöl
1 gelbe Paprikaschote
1 kleine Zucchini
100 g Champignons
1 Zwiebel
1 EL saure Sahne
1 TL getrocknete, italienische Kräuter
etwas Meersalz und Pfeffer
125 g Mozzarella
8 schwarze, entsteinte Oliven

1. Die Hefe im Wasser auflösen. Die Mischung in eine Schüssel geben, Mehl, Kräutersalz sowie Öl hinzufügen und das Ganze gut verkneten. Den Teig zugedeckt an einem warmen Ort $1/2$ Stunde gehen lassen.

2. Die Paprikaschote und die Zucchini würfeln. Die Champignons in Scheiben schneiden. Die Zwiebel schälen und in feine Ringe schneiden. Den Backofen auf 200 °C vorheizen.

3. Den Teig nochmals gut durchkneten und zu 2 Rechtecken ausrollen. Diese jeweils mit saurer Sahne bestreichen und mit Kräutern, Salz sowie Pfeffer gut würzen. Dann mit dem Gemüse belegen. Den Mozzarella in Würfel schneiden und zusammen mit den Oliven auf dem Gemüse verteilen.

4. Die Teigstücke jeweils zu Taschen zusammenklappen. Dabei die Ränder gut festdrücken. Die Pizzataschen auf ein mit Backpapier belegtes Blech legen und im Ofen etwa 20 Minuten backen.

Gemüsepizza

- Kohlenhydratgericht
- Zubereitungszeit: ca. 1 Std.
- Zeit zum Gehen: ca. $1/2$ Std.
- ca. 670 kcal je Portion

10 g frische Hefe (ca. $1/3$ Würfel)
75 ml lauwarmes Wasser
$1/2$ TL Kräutersalz
200 g Weizenvollkornmehl
4 EL Olivenöl
1 Stange Lauch
100 g Champignons
1 rote Paprikaschote
1 Knoblauchzehe
etwas Meersalz und Pfeffer
2 EL Vollmilchjoghurt
1 EL Kürbiskerne
1 EL Butter
75 g Alfalfasprossen

1. Die Hefe im Wasser auflösen. Die Mischung in eine Schüssel geben, Mehl, Kräutersalz sowie 2 Eßlöffel Öl hinzufügen und das Ganze gut verkneten. Den Teig zugedeckt an einem warmen Ort $1/2$ Stunde gehen lassen.

2. Den Lauch in feine Ringe schneiden. Die Champignons in Scheiben, die Paprikaschote in feine Streifen schneiden. Den Knoblauch schälen und fein würfeln. 1 Eßlöffel Öl in einer Pfanne erhitzen und das Gemüse darin kräftig anbraten. Mit Salz und Pfeffer abschmecken.

3. Den Backofen auf 200 °C vorheizen. Den Teig nochmals gut durchkneten und zu einem Kreis ausrollen. Mit der Gemüsemischung belegen. Den Joghurt mit dem restlichen Olivenöl verrühren und auf der Pizza verteilen. Diese mit den Kürbiskernen bestreuen und im Ofen etwa 25 Minuten backen.

5. Die Butter in einer Pfanne zerlassen und die Sprossen darin andünsten. Auf der gebackenen Pizza verteilen.

GERICHTE MIT FLEISCH ODER GEMÜSE

Gefülltes Gemüse, Omelettes, Suppen oder kleine Fleischgerichte geben Ihnen viele Anregungen für eine kleine Mittags- oder Abendmahlzeit. Achten Sie bei der Kombination der Gerichte auf das Trennkostprinzip.

Überbackene Zucchini

- Eiweißgericht
- Zubereitungszeit: ca. $3/4$ Std.
- ca. 640 kcal je Portion

> 1 große oder 2 kleine Zucchini
> 250 ml vegetarische Gemüsebrühe
> (aus Instantpulver)
> 1 Zwiebel
> 150 g Champignons
> 1 EL kaltgepreßtes Sonnenblumenöl
> 250 g Rinderhackfleisch
> 400 g vollreife Tomaten
> etwas Meersalz und Pfeffer
> 1 TL getrocknete, italienische Kräuter
> 75 g saure Sahne
> Margarine für die Form
> 100 g Emmentaler (45 % F. i.Tr.)

1. Die Zucchini längs halbieren. Die Gemüsebrühe zum Kochen bringen und die Zucchinihälften etwa 5 Minuten darin garen. Dann herausnehmen und jeweils die Kerne mit einem Teelöffel herausschaben. Die Kerne beiseite stellen, die Zucchini abkühlen lassen.

2. Die Zwiebel schälen und fein würfeln. Die Champignons in Scheiben schneiden.

3. Den Backofen auf 200 °C vorheizen. Das Öl in einer Pfanne erhitzen. Die Zwiebeln darin goldgelb braten. Dann das Hackfleisch dazugeben und unter Rühren krümelig braten. Die Champignons und die Zucchinikerne zufügen. Das Ganze mit Salz und Pfeffer würzen.

4. Die Tomaten über Kreuz einritzen, etwa 15 Sekunden kochend heiß überbrühen, abschrecken und enthäuten. Sie dann vierteln, die Stielansätze herausschneiden und das Fruchtfleisch entkernen. In einem Topf aufkochen lassen. Mit Salz, Pfeffer und Kräutern kräftig abschmecken. Die saure Sahne unterrühren.

5. Eine Auflaufform mit etwas Margarine ausstreichen. Die Tomatensauce hineingeben. Die Zucchinihälften hineinsetzen und jeweils mit Hackfleischmischung füllen.

6. Den Käse fein reiben, die Zucchinihälften damit bestreuen und alles im Ofen etwa 20 Minuten überbacken.

BRAUCHT ZEIT
PIKANT

Omelette Gärtnerin Art

- Eiweißgericht
- Zubereitungszeit: ca. $1/2$ Std.
- ca. 380 kcal je Portion

- 200 g Brokkoli
- 1 kleine Zucchini
- 1 Karotte
- 1 rote Paprikaschote
- 4 Frühlingszwiebeln
- 100 g Zuckerschoten
- 2 EL kaltgepreßtes Sonnenblumenöl
- 100 ml vegetarische Gemüsebrühe (aus Instantpulver)
- 4 Eier
- 3 EL Milch
- etwas Meersalz und Pfeffer
- 2 EL saure Sahne

1. Den Brokkoli in Röschen teilen. Die Zucchini und die Karotte in feine Scheiben, die Paprikaschote in Streifen schneiden. Die Frühlingszwiebeln in Ringe schneiden. Die Zuckerschoten halbieren.

2. 1 Eßlöffel Öl in einer Pfane erhitzen und das Gemüse darin andünsten. Die Brühe zufügen und das Ganze 10 Minuten köcheln lassen.

3. Die Eier mit Milch, Salz und Pfeffer verquirlen. Das restliche Öl auf 2 Pfannen verteilen, erhitzen und jeweils die Hälfte der Eiermasse hineingeben. Darin stocken lassen. Dann jeweils wenden und von der anderen Seite ausbacken.

4. Das Gemüse abtropfen lassen, die saure Sahne unterrühren und die Mischung auf die Omelettes verteilen.
(auf dem Foto oben)

Spinatomelett

- Eiweißgericht
- Zubereitungszeit: ca. 25 Min.
- ca. 410 kcal je Portion

- 300 g frischer Blattspinat
- 1 Knoblauchzehe
- 50 g Pinienkerne
- 1 EL kaltgepreßtes Olivenöl
- etwas Meersalz und Pfeffer
- 1 Prise frisch geriebene Muskatnuß
- 2 Eier
- 2 EL Crème fraîche
- 3 Frühlingszwiebeln
- 2 EL frisch geriebener Parmesan

1. Den Spinat grob zerkleinern. Den Knoblauch schälen und fein würfeln. Die Pinienkerne grob hacken.

2. Das Öl in einer Pfanne erhitzen und den Knoblauch darin anbraten. Den Spinat und die Pinienkerne zugeben und das Ganze kurz dünsten. Kräftig mit Salz, Pfeffer und Muskatnuß abschmecken.

3. Die Eier und die Crème fraîche verrühren. Die Frühlingszwiebeln in feine Ringe schneiden. Zusammen mit dem Parmesan zugeben und unterrühren. Die Eiermasse zum Spinat geben und alles stocken lassen.
(auf dem Foto unten)

Tip:
Sie können anstelle von frischem auch tiefgekühlten Blattspinat verwenden. Tauen Sie diesen vor dem Verarbeiten zunächst auf.

SCHNELL · FRISCH

SCHNELL · FEIN

Zucchinifladen mit Joghurtsauce

- Eiweißgericht
- Zubereitungszeit: ca. 20 Min.
- ca. 310 kcal je Portion

> 2 Zucchini
> 4 Eier
> 50 ml Milch
> etwas Meersalz und Pfeffer
> 1 Bd. Schnittlauch
> 1 EL kaltgepreßtes Olivenöl
> 1 Knoblauchzehe
> 150 g Vollmilchjoghurt

1. Die Zucchini grob raspeln. Eier mit Milch, Salz und Pfeffer verquirlen. Die Zucchiniraspel daruntermischen. Den Schnittlauch in Röllchen schneiden und die Hälfte davon zur Zucchinimasse geben.

2. Das Öl in einer beschichteten Pfanne erhitzen und die Zucchinimasse mit einem Eßlöffel portionsweise hineingeben. Etwas flachdrücken, so daß kleine Fladen entstehen.

3. Jeden Fladen erst dann wenden, wenn die Unterseite goldbraun gebraten ist. Die ganze Masse zu Fladen verarbeiten und diese im Backofen bei 50 °C warm halten.

4. Den Knoblauch schälen und durch eine Presse drücken. Mit Joghurt, Salz, Pfeffer und dem restlichen Schnittlauch verrühren. Die Joghurtsauce zu den Zucchinifladen reichen.
(auf dem Foto: oben)

Tip:
Dieses leichte Sommergericht eignet sich auch gut als Vorspeise eines Eiweißmenüs.

Hackbällchen mit Joghurtdip

- Eiweißgericht
- Zubereitungszeit: ca. 20 Min.
- ca. 600 kcal je Portion

> 300 g Rinderhackfleisch
> 1 Eigelb
> 1 EL Magerquark
> 1 Zwiebel, 1 TL Kräutersalz
> etwas Pfeffer und Currypulver
> 1 EL feingehackte Kräuter (Petersilie, Kerbel, Zitronenmelisse, Oregano)
> 75 g Schafskäse
> 2 EL ungehärtetes Kokosfett
> 150 g Magermilchjoghurt
> 1 EL Zitronensaft
> etwas Meersalz
> 1 Knoblauchzehe
> $1/2$ Bd. Schnittlauch

1. Das Hackfleisch in einer Schüssel mit dem Eigelb und dem Quark vermengen. Die Zwiebel schälen und sehr fein würfeln. Zusammen mit Salz, Gewürzen und Kräutern zum Hackfleisch geben. Das Ganze gut vermischen.

2. Den Schafskäse fein würfeln. Aus der Hackfleischmasse kleine Bällchen formen. In die Mitte der Bällchen jeweils eine Vertiefung eindrücken und einen Käsewürfel hineingeben. Die Bällchen wieder schließen.

3. Das Fett in einer Pfanne erhitzen und die Fleischbällchen darin von allen Seiten kräftig anbraten. Auf Küchenkrepp abtropfen lassen und warm stellen.

4. Joghurt mit Zitronensaft, Salz und Pfeffer verrühren. Den Knoblauch schälen und durchpressen. Zum Joghurt geben. Den Schnittlauch in Röllchen schneiden und ebenfalls unterrühren. Den Joghurtdip zu den Fleischbällchen servieren.
(auf dem Foto: unten)

SCHNELL · LEICHT

SCHNELL · GRIECHISCH

Lachssteak mit Tomaten

- Eiweißgericht
- Zubereitungszeit: ca. ¾ Std.
- ca. 590 kcal je Portion

2 Lachssteaks (à ca. 150 g)
etwas Meersalz und weißer Pfeffer
Saft von ½ Zitrone
250 g Fleischtomaten
1 Stange Lauch, 1 Bd. Basilikum
etwas Butter für die Form
10 grüne Oliven
2 EL kaltgepreßtes Olivenöl

1. Die Lachssteaks mit Salz und Pfeffer würzen. Dann mit Zitronensaft beträufeln.

2. Die Tomaten über Kreuz einritzen, etwa 15 Sekunden kochend heiß überbrühen, abschrecken und enthäuten. Die Stielansätze herausschneiden und das Fruchtfleisch in Scheiben schneiden.

3. Den Lauch in feine Ringe schneiden. Die Basilikumblättchen von den Stielen zupfen und in Streifen schneiden. Die Oliven halbieren.

4. Den Backofen auf 200 °C vorheizen. Eine flache Auflaufform mit etwas Butter ausstreichen. Tomatenscheiben, Lauch, Basilikum und Oliven hineingeben. Mit Salz und Pfeffer bestreuen und mit 1 Eßlöffel Olivenöl beträufeln.

5. Die Lachssteaks auf das Gemüse geben und mit dem restlichen Öl beträufeln. Die Form mit Alufolie verschließen und alles etwa 20 Minuten im Ofen garen.

Variation:

Anstelle der Lachssteaks können Sie auch ein Fischfilet (z. B. Seelachs oder Rotbarsch) für dieses Gericht verwenden.

SCHNELL · AROMATISCH

Kalbs-Cordon-Bleu

- Eiweißgericht
- Zubereitungszeit: ca. 20 Min.
- ca. 390 kcal je Portion

1 Scheibe Appenzeller (45 % F. i.Tr.)
1 Scheibe gekochter Schinken
2 etwas dickere Kalbsschnitzel
(à ca. 160 g)
etwas Meersalz, Pfeffer und
edelsüßes Paprikapulver
1 EL gehärtetes Kokosfett
1 EL Butter
100 g Magermilchjoghurt
2 EL Weißwein
2 EL junge Sauerampferblättchen

1. Die Käse- und Schinkenscheibe jeweils halbieren. In die Kalbsschnitzel seitlich eine Tasche schneiden und jeweils eine halbe Käse- und Schinkenscheibe hineingeben. Die Taschen mit einem Zahnstocher zustecken. Das Fleisch auf beiden Seiten kräftig würzen.

2. Das Kokosfett in einer Pfanne erhitzen. Die Schnitzel darin von beiden Seiten kräftig anbraten. Dann herausnehmen und in Alufolie warm halten.

3. Die Butter in dem Bratensatz zerlassen. Joghurt und Wein einrühren. Den Sauerampfer in feine Streifen schneiden und kurz mitdünsten. Die Sauce mit Salz und Pfeffer abschmecken. Die Schnitzel zusammen mit der Sauerampfersauce servieren.

Tip:
Sauerampfer können Sie im Mai und Juni im Gemüsefachhandel vorbestellen.

Karotten-Kohlrabi-Gratin

- Eiweißgericht
- Zubereitungszeit: ca. ³/₄ Std.
- ca. 430 kcal je Portion

- 300 g kleine Karotten
- 1 Kohlrabi
- 300 ml vegetarische Gemüsebrühe (aus Instantpulver)
- etwas Butter für die Form
- 200 g saure Sahne
- 1 Ei
- etwas Pfeffer
- etwas frisch geriebene Muskatnuß
- 1 Bd. Schnittlauch
- 75 g Mozzarella
- 1 EL frisch geriebener Parmesan
- 2 EL Butterflöckchen

1. Die Karotten und den Kohlrabi in etwa 5 cm lange, dünne Stifte schneiden. Die Brühe in einem Topf zum Kochen bringen und das Gemüse etwa 5 Minuten darin blanchieren. Mit einem Schaumlöffel herausnehmen und abtropfen lassen.

2. Den Backofen auf 200 °C vorheizen. Eine Auflaufform mit etwas Butter ausstreichen. Die Karotten- und Kohlrabistifte strahlenförmig darin anordnen.

3. Saure Sahne, Ei, Pfeffer und Muskatnuß verquirlen. Den Schnittlauch in Röllchen schneiden und unterheben. Die saure Sahne über das Gemüse gießen.

4. Den Mozzarella in Scheiben schneiden und das Gratin damit belegen. Alles mit Parmesan sowie mit Butterflöckchen bestreuen und etwa 20 Minuten im Ofen überbacken.

(auf dem Foto oben)

Gemüse-Puten-Gratin

- Eiweißgericht
- Zubereitungszeit: ca. ³/₄ Std.
- ca. 450 kcal je Portion

- 300 g Putenbrustfilet
- 1 EL kaltgepreßtes Sonnenblumenöl
- etwas Meersalz und Pfeffer
- 1 Zucchini
- 1 kleine, gelbe Paprikaschote
- 1 kleine Stange Lauch
- etwas Butter für die Form
- 50 ml vegetarische Gemüsebrühe (aus Instantpulver)
- 100 g Crème fraîche
- 1 Knoblauchzehe
- einige Basilikumblättchen

1. Das Fleisch in mundgerechte Würfel schneiden. Das Öl in einer Pfanne erhitzen und das Fleisch darin rundherum anbraten. Mit Salz und Pfeffer würzen.

2. Die Zucchini in feine Scheiben, die Paprikaschote in Streifen und den Lauch in feine Ringe schneiden.

3. Den Backofen auf 225 °C vorheizen. Eine Auflaufform mit etwas Butter ausstreichen. Zuerst die Hälfte des Gemüses, dann das Fleisch und anschließend das restliche Gemüse einfüllen.

4. Die Brühe mit der Hälfte der Crème fraîche verrühren. Den Knoblauch schälen und durchpressen. Das Basilikum in feine Streifen schneiden. Beides zur Brühe geben und die Mischung über das Gratin gießen.

5. Die restliche Crème fraîche auf dem Gemüse verteilen. Die Form in den Ofen schieben und das Gemüse-Puten-Gratin etwa 20 Minuten überbacken.

(auf dem Foto unten)

BRAUCHT ZEIT · **CREMIG**

BRAUCHT ZEIT · **AROMATISCH**

Gemüsetopf nach italienischer Art

- Eiweißgericht
- Zubereitungszeit: ca. 25 Min.
- ca. 210 kcal je Portion

2 Zwiebeln
2 Knoblauchzehen
400 g Tomaten
1 rote Paprikaschote
1 gelbe Paprikaschote
150 g junge, grüne Bohnen
1 kleine Zucchini
$1/2$ Aubergine
1 EL kaltgepreßtes Olivenöl
250 ml vegetarische Gemüsebrühe
(aus Instantpulver)
etwas Meersalz und Pfeffer
1 TL gemischte, italienische Kräuter
1 EL frisch geriebener Parmesan

1. Die Zwiebeln schälen und in Ringe schneiden. Den Knoblauch schälen und fein würfeln.

2. Die Tomaten über Kreuz einritzen, etwa 15 Sekunden kochend heiß überbrühen, abschrecken und enthäuten. Sie dann vierteln, die Stielansätze herausschneiden und das Fruchtfleisch kleinschneiden.

3. Die Paprikaschoten würfeln. Die Bohnen eventuell halbieren. Die Zucchini und die Aubergine in Würfel schneiden.

4. Das Öl in einem großen Topf erhitzen. Zunächst die Zwiebel und den Knoblauch darin anbraten. Das restliche Gemüse und die Brühe zugeben und alles bei mittlerer Hitze etwa $1/4$ Stunde im geschlossenen Topf garen.

5. Mit Salz, Pfeffer und Kräutern abschmecken. Vor dem Servieren mit Parmesan bestreuen.

(auf dem Foto: oben)

Tomatensuppe

- Eiweißgericht
- Zubereitungszeit: ca. 25 Min.
- ca. 220 kcal je Portion

1 Karotte
1 gelbe Paprikaschote
4 Frühlingszwiebeln
200 g Zuckerschoten
(frisch oder TK-Ware)
500 g vollreife Tomaten
200 ml vegetarische Gemüsebrühe
(aus Instantpulver)
1 EL Weißwein
etwas Meersalz und Pfeffer
2 EL Doppelrahmfrischkäse
einige Basilikumblättchen

1. Die Karotte und die Paprikaschote in kleine Würfel schneiden. Die Frühlingszwiebeln in feine Ringe schneiden. Tiefgekühlte Zuckerschoten auftauen lassen.

2. Die Tomaten über Kreuz einritzen, etwa 15 Sekunden kochend heiß überbrühen, abschrecken und enthäuten. Sie dann vierteln und die Stielansätze herausschneiden.

3. Die Gemüsebrühe in einem großen Topf zum Kochen bringen. Die Tomaten und das restliche Gemüse zufügen und das Ganze bei mittlerer Hitze etwa 10 Minuten im geschlossenen Topf kochen lassen.

4. Den Wein zufügen und die Suppe mit Salz und Pfeffer abschmecken. Den Frischkäse in die Suppe einrühren.

5. Das Basilikum fein hacken und die Suppe vor dem Servieren damit bestreuen.

(auf dem Foto: unten)

SCHNELL · **PIKANT**

SCHNELL · **AROMATISCH**

Spinatauflauf

- Kohlenhydratgericht
- Zubereitungszeit: ca. $3/4$ Std.
- ca. 750 kcal je Portion

200 g Vollkornbandnudeln ohne Ei
1 kleine Zwiebel
1 Knoblauchzehe
1 EL Butter
300 g frischer Blattspinat (evtl. TK-Ware)
etwas Meersalz und Pfeffer
etwas frisch geriebene Muskatnuß
150 g Champignons
etwas Butter für die Form
200 g körniger Frischkäse
100 g Rahmgouda (60 % F. i.Tr.)

1. Die Nudeln in reichlich Salzwasser in etwa 20 Minuten bißfest garen und anschließend auf einem Sieb abtropfen lassen. Tiefgekühlten Spinat antauen lassen.

2. Die Zwiebel und den Knoblauch schälen und sehr fein würfeln. Die Butter in einem Topf zerlassen und die Zwiebel und den Knoblauch darin andünsten. Frischen Spinat grob zerkleinern. Den Spinat zugeben, das Ganze 5 Minuten dünsten. Dann kräftig mit Salz, Pfeffer und Muskatnuß würzen.

3. Die Champignons in feine Scheiben schneiden. Den Backofen auf 225 °C vorheizen. Eine Auflaufform mit etwas Butter ausstreichen.

4. Nudeln, Spinat, Champignons und Frischkäse abwechselnd in die Auflaufform schichten. Den Käse in Würfel schneiden und auf dem Auflauf verteilen. Das Ganze im Ofen etwa $1/4$ Stunde überbacken.

BRAUCHT ZEIT · WÜRZIG

Gefüllte Paprika

- Kohlenhydratgericht
- Zubereitungszeit: ca. ³/₄ Std.
- ca. 560 kcal je Portion

4 EL Vollkornreis
2 rote Paprikaschoten
250 ml vegetarische Gemüsebrühe
(aus Instantpulver)
1 Zwiebel
200 g Champignons
1 kleine Zucchini
125 g roher Schinken
2 EL kaltgepreßtes Olivenöl
1 EL saure Sahne
etwas Meersalz und Pfeffer
etwas Oregano und Thymian
75 g Schafskäse

1. Den Reis nach Packungsanleitung garen.

2. Die Paprikaschoten halbieren. Die Brühe in einem Topf zum Kochen bringen und die Paprikahälften etwa 5 Minuten darin garen. Dann herausnehmen und abtropfen lassen. Den Backofen auf 225 °C vorheizen.

3. Die Zwiebel schälen und in feine Würfel schneiden. Die Champignons in Scheiben schneiden. Die Zucchini und den Schinken würfeln.

4. 1 Eßlöffel Öl in einer Pfanne erhitzen, das Gemüse und den Schinken darin anbraten. Die saure Sahne und den Reis darunterrühren. Mit Salz, Pfeffer und Kräutern abschmecken.

5. Eine Auflaufform mit dem restlichen Öl ausstreichen. Die Paprikahälften hineinsetzen und mit der Reismischung füllen.

6. Den Schafskäse würfeln, darüberstreuen und alles im Ofen etwa 10 Minuten überbacken.

Ofenkartoffeln mit Dip

- Kohlenhydratgericht
- Zubereitungszeit: ca. $^3/_4$ Std.
- ca. 520 kcal je Portion

> 2 EL Sesamsamen
> 1 TL Kümmel
> 1 TL Meersalz
> $^1/_2$ TL schwarzer Pfeffer
> 500 g festkochende Kartoffeln
> 2 EL kaltgepreßtes Sonnenblumenöl
> 100 g Doppelrahmfrischkäse
> 50 g Magermilchjoghurt
> 1 kleine Zwiebel
> $^1/_2$ TL edelsüßes Paprikapulver
> etwas weißer Pfeffer
> $^1/_2$ Bund Schnittlauch

1. Den Backofen auf 200 °C vorheizen. Die Sesamsamen mit Kümmel, Meersalz und Pfeffer in einer flachen Schale vermischen. Die Kartoffeln gut waschen, trockenreiben und jeweils längs halbieren. Jeweils mit den Schnittflächen in die Gewürzmischung tauchen.

2. Ein Backblech mit Backpapier auslegen und dieses mit dem Öl bepinseln. Die Kartoffeln mit der Schnittfläche nach unten daraufsetzen und im Ofen 20 bis 30 Minuten backen.

3. Für den Dip den Frischkäse mit dem Joghurt verrühren. Die Zwiebel schälen, sehr fein würfeln und unterheben. Den Dip mit edelsüßem Paprikapulver kräftig würzen und mit Pfeffer abschmecken.

4. Den Schnittlauch in Röllchen schneiden und unter den Dip rühren. Zu den gebackenen Kartoffeln servieren.
(auf dem Foto oben)

Grünkernfrikadellen

- Kohlenhydratgericht
- Zubereitungszeit: ca. 1 Std.
- ca. 600 kcal je Portion

> 125 ml vegetarische Gemüsebrühe
> (aus Instantpulver)
> 150 g mittelfeines Grünkernschrot
> 1 Zwiebel
> 100 g Champignons
> 1 Eigelb
> 1 Msp. Kräutersalz
> etwas Pfeffer
> 1 EL gehackte Petersilie
> 75 g Tilsiter (60 % F. i. Tr.)
> 1–2 EL kaltgepreßtes Sonnenblumenöl
> 2 EL Sesamsamen

1. Die Gemüsebrühe in einem Topf erhitzen. Das Grünkernschrot hinzufügen, das Ganze unter Rühren zum Kochen bringen und einmal aufkochen lassen. Dann das Grünkernschrot bei schwacher Hitze im offenen Topf etwa $^1/_2$ Stunde quellen lassen. Danach abkühlen lassen.

2. Die Zwiebel schälen und fein würfeln. Die Champignons in kleine Würfel schneiden. Beides zusammen mit Eigelb, Kräutersalz, Pfeffer und Petersilie gleichmäßig unter das Grünkernschrot mischen.

3. Den Tilsiter in Würfel schneiden. Aus der Schrotmasse Frikadellen formen, dabei den Käse einarbeiten. Das Öl in einer Pfanne erhitzen. Die Frikadellen in den Sesamsamen wälzen und dann bei milder Hitze unter Wenden 12 bis 15 Minuten braten.
(auf dem Foto unten)

Tip:
Sie können die Frikadellen auch in gemahlenen Nüssen wälzen.

BRAUCHT ZEIT · **WÜRZIG**

BRAUCHT ZEIT · **VOLLWERTIG**

51

Russische Gemüsesuppe

- Kohlenhydratgericht
- Zubereitungszeit: ca. 35 Min.
- ca. 300 kcal je Portion

1 Knoblauchzehe
1 Zwiebel
300 g Kartoffeln
1 große Rote-Bete-Knolle
1 Karotte
1 kleine Stange Lauch
2 Stangen Staudensellerie
1 EL kaltgepreßtes Sonnenblumenöl
100 g Sauerkraut
500 ml vegetarische Gemüsebrühe
(aus Instantpulver)
2 Lorbeerblätter
etwas Meersalz und Pfeffer
1 Prise Kümmel
75 g saure Sahne
1 EL gehackte Petersilie

1. Den Knoblauch und die Zwiebel schälen und fein würfeln.

2. Die Kartoffeln, die Rote Bete und die Karotte ebenfalls schälen und fein würfeln. Den Lauch und den Sellerie in Ringe schneiden.

3. Das Öl in einem großen Topf erhitzen, die Zwiebel und den Knoblauch darin anbraten. Das Gemüse zufügen und unter Rühren kurz andünsten.

4. Sauerkraut, Gemüsebrühe, Lorbeerblätter, Salz, Pfeffer sowie Kümmel zufügen. Das Ganze 20 Minuten bei mittlerer Hitze im geschlossenen Topf köcheln lassen.

5. Die Suppe nochmals mit Salz sowie Pfeffer abschmecken und die saure Sahne einrühren. Vor dem Servieren mit Petersilie bestreuen.

(auf dem Foto: oben)

Spinatsuppe

- Kohlenhydratgericht
- Zubereitungszeit: ca. $1/2$ Std.
- ca. 310 kcal je Portion

1 Zwiebel
1 Knoblauchzehe
2 Kartoffeln
1 Karotte
2 Stangen Staudensellerie
1 EL kaltgepreßtes Sonnenblumenöl
500 ml vegetarische Gemüsebrühe
(aus Instantpulver)
50 ml Weißwein
300 g frischer Blattspinat
etwas Meersalz und Pfeffer
1 Prise frisch geriebene Muskatnuß
75 g Sahne
1 EL gehackte Petersilie

1. Die Zwiebel und den Knoblauch schälen und fein würfeln.

2. Die Kartoffeln und die Karotte schälen. Die Kartoffeln, den Sellerie und die Karotte in kleine Würfel schneiden.

3. Das Öl in einem Topf erhitzen. Die Zwiebel und den Knoblauch darin andünsten. Das Gemüse zufügen und das Ganze anbraten. Die Gemüsebrühe zugeben und die Suppe etwa $1/4$ Stunde im geschlossenen Topf köcheln lassen.

4. Den Spinat grob zerkleinern und hinzufügen. Den Wein angießen und die Suppe mit Salz, Pfeffer und Muskatnuß abschmecken. Alles noch etwa 5 Minuten köcheln lassen. Vor dem Servieren die Sahne unterrühren und die Suppe mit der Petersilie bestreuen.

(auf dem Foto: unten)

BRAUCHT ZEIT · **WÜRZIG**

SCHNELL · **PIKANT**

SÜSSE WARME OBSTGERICHTE

Auch bei der Zubereitung von süßen Gerichten ist die Anwendung des Trennkostprinzips möglich. Die leckeren Obstaufläufe, Pfannkuchen oder Knödel können Sie als Dessert oder als kleine warme Mahlzeit servieren.

Gebackene Äpfel

- Eiweißgericht
- Zubereitungszeit: ca. $^3/_4$ Std.
- ca. 620 kcal je Portion

 2 Eier
 $2^1/_2$ EL Frutilose (Obstdicksaft)
 2 EL Zitronensaft
 250 g Magerquark
 50 g gemahlene Mandeln
 2 säuerliche Äpfel
 2 EL ungeschwefelte Rosinen
 2 EL Mandelstifte
 1 Pr. Zimtpulver
 2 EL Butter

1. Die Eier trennen. Die Eigelbe mit den Quirlhaken eines Handrührgeräts schaumig rühren. 2 Eßlöffel Frutilose, 1 Eßlöffel Zitronensaft, Quark und Mandeln unterrühren.

2. Den Backofen auf 200 °C vorheizen. Die Eiweiße steifschlagen und unter die Quarkmasse heben.

3. Die Äpfel halbieren und vom Kerngehäuse befreien. Rosinen, Mandelstifte, restlichen Zitronensaft, restliche Frutilose und Zimtpulver vermischen.

4. Eine flache Auflaufform mit etwas Butter ausstreichen. Die Quarkmasse hineingeben und glattstreichen. Die Apfelhälften mit den Schnittflächen nach oben auf dem Quark verteilen. Die Rosinenmischung in die Apfelhälften geben. Die restliche Butter in Flöckchen schneiden und die Äpfel damit bedecken.

5. Die Form in den Ofen geben und die Äpfel etwa 1/2 Stunde backen.

Variation:
Wenn Sie es etwas exotischer mögen, können Sie die gemahlenen Mandeln und die Mandelstifte jeweils durch 2 Eßlöffel Kokosflocken ersetzen.

BRAUCHT ZEIT · SÄUERLICH

Überbackener Obstteller

- Eiweißgericht
- Zubereitungszeit: ca. 25 Min.
- ca. 280 kcal je Portion

1 säuerlicher Apfel
1 Birne
1 EL Zitronensaft
1 Kiwi, 3 Aprikosen
125 g Himbeeren
(oder anderes Beerenobst)
2 Eigelb
50 ml Weißwein
2 EL Frutilose (Obstdicksaft)

1. Den Apfel und die Birne jeweils halbieren, vom Kerngehäuse befreien und in Spalten schneiden. Jeweils mit etwas Zitronensaft beträufeln.

2. Die Kiwi schälen und in Scheiben schneiden. Die Aprikosen halbieren, entkernen und in Spalten schneiden. Die Beeren verlesen.

3. Das Obst auf zwei feuerfesten Tellern anrichten oder in eine flache Gratinform geben.

4. Die Eigelbe schaumig schlagen. Den Wein und die Frutilose unter Rühren zugießen und so lange rühren, bis eine schaumige Masse entsteht. Die Eiermasse auf dem Obst verteilen und alles unter dem Grill in etwa 10 Minuten goldbraun überbacken.

Vollkornpfannkuchen mit Heidelbeeren

- Kohlenhydratgericht
- Zubereitungszeit: ca. 1 Std.
- Zeit zum Quellen: ca. $1/2$ Std.
- ca. 530 kcal je Portion

75 g kernige Vollkornhaferflocken
2 EL Weizenvollkornmehl
1–2 TL Weinsteinbackpulver
1 Pr. Meersalz
3 Eigelb
250 g Dickmilch
1 EL Frutilose
300 g Heidelbeeren
2 EL Butter zum Ausbacken

1. Haferflocken, Mehl, Weinsteinbackpulver, Salz, Eigelbe, Dickmilch und Frutilose zu einen glatten Teig verrühren. Den Teig etwa $1/2$ Stunde quellen lassen.

2. Die Heidelbeeren verlesen. In 2 Pfannen jeweils 1 Eßlöffel Butter erhitzen. In jede Pfanne jeweils die Hälfte des Teiges gießen.

3. Jeweils die Hälfte der Heidebeeren daraufgeben. Die Pfannkuchen von beiden Seiten goldbraun backen. Sofort servieren.

Tip:
Weinsteinbackpulver erhalten Sie in Bioläden und Reformhäusern.

Zwetschgenauflauf

- Eiweißgericht
- Zubereitungszeit: ca. 50 Min.
- ca. 720 kcal je Portion

400 g Zwetschgen
2 Eier
2 EL Frutilose (Obstdicksaft)
1 EL Zitronensaft
100 g gemahlene Haselnüsse
250 g Magerquark
1 Pr. Zimtpulver
etwas Butter für die Form
1 EL Haselnußblättchen

1. Den Backofen auf 180 °C vorheizen. Die Zwetschgen halbieren und entkernen.

2. Die Eier trennen. Die Eigelbe schaumig rühren. Die Frutilose, den Zitronensaft, die Nüsse, den Quark und das Zimtpulver unterrühren.

3. Die Eiweiße steifschlagen und unter die Quarkmasse heben.

4. Eine Auflaufform mit Butter ausstreichen. Die Hälfte der Quarkmasse hineingeben, glattstreichen, die Zwetschgen darauf verteilen und mit dem restlichen Quark bedecken. Den Auflauf mit Haselnußblättchen bestreuen und im Ofen etwa $1/2$ Stunde backen.

Kartoffelplätzchen mit Apfelkompott

- Kohlenhydratgericht
- Zubereitungszeit: ca. $3/4$ Std.
- ca. 380 kcal je Portion

Für das Kompott:
3 mürbe, süße Äpfel (Cox Orange)
1 EL Frutilose (Obstdicksaft)
1 Msp. Zimtpulver
1 Vanilleschote

Für die Plätzchen:
300 g mehligkochende Kartoffeln
1 Eigelb, 50 g Magerquark
2 EL Speisestärke
1 Pr. Meersalz
1 EL Butter

1. Für das Kompott die Äpfel schälen, halbieren, vom Kerngehäuse befreien und das Fruchtfleisch kleinschneiden. In einem Topf mit Wasser bedeckt zum Kochen bringen. Die Frutilose und das Zimtpulver hinzufügen. Die Vanilleschote aufschlitzen und zugeben. Das Ganze bei mittlerer Hitze zugedeckt etwa $1/4$ Stunde kochen. Dann abkühlen lassen und die Vanilleschote entfernen.

2. Für die Kartoffelplätzchen die Kartoffeln in Wasser garen. Dann schälen und noch warm durch eine Presse drücken. Eigelb, Quark, Speisestärke sowie Salz hinzufügen und das Ganze gut verkneten.

3. Die Butter in einer Pfanne erhitzen. Aus dem Teig runde Plätzchen formen und diese im Fett goldbraun braten. Die warmen Plätzchen zusammen mit dem Kompott servieren.
(auf dem Foto oben)

Tip:
Das Apfelkompott paßt auch gut zu den nebenstehenden Aprikosenknödeln.

Aprikosenknödel

- Kohlenhydratgericht
- Zubereitungszeit: ca. 50 Min.
- ca. 670 kcal je Portion

Für den Teig:
250 g Magerquark
2 EL weiche Butter
1 EL Frutilose (Obstdicksaft)
1 Pr. Meersalz
abgeriebene Schale von
1 unbehandelten Zitrone
2 Eigelb
100 g Vollweizengrieß
6 getrocknete, ungeschwefelte
Aprikosen

Außerdem:
Mehl zum Formen
Salz, 2 EL Sesamsamen
2 EL Butter

1. Quark, Butter, Frutilose, Salz, Zitronenschale und Eigelbe mit den Quirlhaken eines Handrührgerätes verrühren. Den Grieß einarbeiten und den Teig etwa $1/2$ Stunde quellen lassen.

2. Die Aprikosen in etwas Wasser einweichen. Dann abtropfen lassen.

3. Den Knödelteig auf einer bemehlten Arbeitsfläche zu einer Rolle formen und 6 gleich große Scheiben abschneiden.

4. Aus jeder Scheibe einen Knödel formen, dabei jeweils 1 Aprikose einarbeiten. Die Knödel in kochendem, leicht gesalzenem Wasser etwa $1/4$ Stunde garen, bis sie an die Wasseroberfläche steigen.

5. Die Knödel gut abtropfen lassen und in den Sesamsamen wälzen. Die Butter zerlassen und zu den Knödeln servieren.
(auf dem Foto unten)

BRAUCHT ZEIT · **AROMATISCH**

BRAUCHT ZEIT · **VOLLWERTIG**

Bananenrollen

- Kohlenhydratgericht
- Zubereitungszeit: ca. $3/4$ Std.
- ca. 600 kcal je Portion

2 EL Buchweizenmehl
75 g Weizenvollkornmehl
2 EL gemahlene Mandeln
2 EL Frutilose (Obstdicksaft)
ausgekratztes Mark von
1 Vanilleschote
1 Pr. Meersalz
3 Eigelb
250 g Buttermilch
2 Bananen
2 EL Butter
1 TL flüssiger Honig

1. Mehlsorten, Mandeln, Frutilose, Vanilleschotenmark, Salz, Eigelbe und Buttermilch mit den Quirlhaken eines Handrührgeräts zu einem glatten Teig verrühren. Den Teig etwa 20 Minuten quellen lassen.

2. Die Bananen schälen und längs halbieren. 1 Eßlöffel Butter in einer Pfanne erhitzen und die Bananen darin von beiden Seiten goldbraun braten.

3. Die restliche Butter in einer zweiten Pfanne erhitzen. Aus dem Teig 2 Pfannkuchen backen. Auf jeden Pfannkuchen 2 Bananenhälften geben und das Ganze aufrollen. Die Pfannkuchen vor dem Servieren mit Honig beträufeln.
(auf dem Foto: oben)

Variation:
Wälzen Sie die Bananen vor dem Braten in 2 Eßlöffeln Kokosflocken.

Vollkornwaffeln mit Bananenquark

- Kohlenhydratgericht
- Zubereitungszeit: ca. $3/4$ Std.
- ca. 690 kcal je Portion

50 g Butter
$2^{1}/_{2}$ EL flüssiger Honig
3 Eigelb
abgeriebene Schale von
$1/2$ unbehandelten Zitrone
ausgekratztes Mark von
$1/2$ Vanilleschote
125 g Weizenvollkornmehl
1 Msp. Weinsteinbackpulver
100 g Buttermilch
1 Banane
150 g Magerquark
Fett für das Waffeleisen

1. Die Butter zusammen mit 2 Eßlöffeln Honig und den Eigelben schaumig rühren. Dann die Zitronenschale und das Vanilleschotenmark unterrühren.

2. Das Mehl mit dem Backpulver mischen und unter Rühren zur Eiermasse geben. Die Buttermilch langsam zugeben und alles zu einem glatten Teig verrühren. Den Teig etwa $1/2$ Stunde quellen lassen.

3. Die Banane schälen und mit einer Gabel zerdrücken. Den restlichen Honig und den Quark zugeben und das Ganze verrühren.

4. Ein Waffeleisen leicht fetten und aus dem Teig goldbraune Waffeln backen. Zusammen mit dem Bananenquark servieren.
(auf dem Foto: unten)

Tip:
Etwas kerniger werden die Waffeln, wenn Sie nur 100 g Mehl verwenden und das restliche Mehl durch 2 Eßlöffel Weizenschrot ersetzen.

BRAUCHT ZEIT · **FEIN**

BRAUCHT ZEIT · **CREMIG**

Heidelbeerauflauf

- Kohlenhydratgericht
- Zubereitungszeit: ca. 1 1/4 Std.
- ca. 460 kcal je Portion

300 g Heidelbeeren
50 ml Weißwein
3 EL Frutilose (Obstdicksaft)
1 Stück Zimtstange
1 Stück unbehandelte Zitronenschale
75 g Buchweizenmehl
2 Eigelb
200 g Kefir
1 Pr. Meersalz
etwas Butter für die Form

1. Die Heidelbeeren verlesen. In einem Topf zusammen mit 50 ml Wasser, Wein, 1 Eßlöffel Frutilose, Zimtstange und Zitronenschale zum Kochen bringen. Das Ganze 5 Minuten offen köcheln lassen. Dann die Zimtstange und die Zitronenschale entfernen.

2. Den Backofen auf 200 °C vorheizen. Das Mehl mit Eigelben, Kefir, Salz und restlicher Frutilose verrühren.

3. Eine flache Auflaufform mit etwas Butter austreichen. Den Teig hineingießen und glattstreichen. Die Heidelbeeren auf einem Sieb abtropfen lassen, dabei den Saft auffangen. Die Heidelbeeren auf dem Teig verteilen. Den Auflauf im Ofen etwa 40 Minuten backen.

4. Von dem aufgefangenen Saft 75 ml abmessen und erhitzen. Über den Auflauf gießen und diesen 10 Minuten im ausgeschalteten Ofen ziehen lassen. Heiß servieren.

Rezeptverzeichnis

A
Äpfel, gebackene 54
Apfel-Matjes-Brot 28
Aprikosenknödel 58

B
Bananenrollen 60
Bauernsalat, griechischer 18
Brötchen mit Avocadopüree 28
Bündner-Fleisch-Brot 31

D
Dill-Kartoffel-Salat 22

E
Eisbergsalat mit Krabben 12

F
Fencheltoast 26
Frühlingsbaguette 30

G
Geflügelsalat, fruchtiger 8
Gemüsepizza 35
Gemüse-Puten-Gratin 44
Gemüsesuppe, russische 52
Gemüsetoast, überbackener 24
Gemüsetopf nach italienischer Art 46
Grünkernfrikadellen 50

H
Hackbällchen mit Joghurtdip 40
Heidelbeerauflauf 62

K
Kalbs-Cordon-Bleu 43
Karotten-Kohlrabi-Gratin 44
Kartoffelplätzchen mit Apfelkompott 58
Käsesalat mit Obst und Shrimps 12
Kohlrabi-Apfel-Rohkost 16
Kopfsalat, bunter 18

L
Lachsbrot 30
Lachssteak mit Tomaten 42
Lauchtorte 32

M
Melonen-Sellerie-Rohkost 14

N
Nizzasalat 10

O
Obstteller, überbackener 56
Ofenkartoffeln mit Dip 50
Omelette Gärtnerin Art 38

P
Paprika, gefüllte 49
Paprika-Oliven-Brot 26
Paprikarohkost mit Dilldip 17

R
Reisssalat, grüner 23
Rote-Bete-Salat mit Getreide 20

S
Salat, bunter 11
Salatteller mit Cashewkernen 14
Selleriesalat, fruchtiger 22
Spinatauflauf 48
Spinatbrötchen, überbackenes 27
Spinatomelett 38
Spinatsuppe 52

T
Tomaten-Hirse-Salat 20
Tomatensnack 16
Tomatensuppe 46

V
Vollkornpfannkuchen mit Heidelbeeren 56
Vollkorn-Pizza-Taschen 34
Vollkornwaffeln mit Bananenquark 60

Z
Zucchini, überbackene 36
Zucchinifladen mit Joghurtsauce 40
Zwetschgenauflauf 57
Zwiebel-Champignon-Torte 32
Zwiebelknäckebrot, überbackenes 27

Dieses Buch gehört zu einer Kochbuchreihe, die die beliebtesten Themen aus dem Bereich Essen und Trinken aufgreift. Sie erhalten die Titel überall dort, wo es Bücher gibt.

Sie finden uns im Internet: **www.falken.de**

> Bei diesem Buch handelt es sich um eine überarbeitete Ausgabe des bereits unter dem Titel „Trennkost Kleine Gerichte" (1796) erschienenen Buches.

Dieses Buch wurde auf chlorfrei gebleichtem und säurefreiem Papier gedruckt.

ISBN 3 8068 1978 5

© 2000 by FALKEN Verlag, 65527 Niedernhausen/Ts.
Die Verwertung der Texte und Bilder, auch auszugsweise, ist ohne Zustimmung des Verlags urheberrechtswidrig und strafbar. Dies gilt auch für Vervielfältigungen, Übersetzungen, Mikroverfilmung und für die Verarbeitung mit elektronischen Systemen.

Umschlaggestaltung: Peter Udo Pinzer
Gestaltungskonzeption: Christa Johanna Gramm
Redaktion: Astrid Waller
Redaktion dieser Auflage: Elly Lämmlen
Umschlagfotos: außen: **TLC Foto-Studio GmbH**, Velen-Ramsdorf (vorne: Rezept: „Gefüllte Paprika", S. 49; hinten: Rezept: „Käsesalat mit Obst und Shrimps", S. 12); innen vorne: **FALKEN Archiv**
Fotos: TLC Foto-Studio GmbH, Velen-Ramsdorf;
außer: S. 1, 2, 5, 7, 8, 24, 36, 54: **FALKEN Archiv**
Produktion: Dr. Reitter & Partner GmbH, Vaterstetten

Satz: Dr. Reitter & Partner GmbH, Vaterstetten
Druck: Appl, Wemding